我的
电视主张

蔡照波 著

南方日报出版社
NANFANG DAILY PRESS

图书在版编目（CIP）数据

我的电视主张 / 蔡照波著. —广州：南方日报出版社，2015.10

ISBN 978-7-5491-1310-1

Ⅰ. ①我… Ⅱ. ①蔡… Ⅲ. ①电视工作—中国—文集 Ⅳ. ①G229.2-53

中国版本图书馆CIP数据核字(2015)第218252号

我的电视主张

WO DE DIANSHI ZHUZHANG

著　　者　蔡照波
出 版 人　周洪威
责任编辑　周山丹　陈盈璐
装帧设计　傅锦文
责任技编　王　兰
责任校对　王　燕
实习编辑　陈姵君
出版发行　南方日报出版社
地　　址　广州市广州大道中289号　**邮编：**510601
经　　销　全国新华书店
印　　刷　恒美印务（广州）有限公司
开　　本　787毫米×1092毫米　1/16
印　　张　15.5
字　　数　80千字
版　　次　2015年10月第1版
印　　次　2015年10月第1次印刷
定　　价　58.00元

投稿热线：（020）87373998-8503　读者热线：（020）87373998-8502

网址：http://www.nfdailypress.com

自序

在多媒体融合、电视收视多终端的当下，既有新旧媒体之争与融合，也有媒体自身体制机制的创新与再造⋯⋯如何顺应大时代潮流，把握传统电视媒体的发展契机，这是每个电视人必须面对的话题。正是在这样的大背景下，今年上半年，我在《广东电视周报》开辟“电视语丝”专栏，每周一篇，四个多月写了18篇，以随笔的形式发表一己之见；而在此前的2003年，适逢广东电视台面向全省广电业界创办《电视编播实务》月刊，我每月写一篇刊首语，一眨眼竟也写了六年，至2009年已有70篇；其间还在2007年为《南方电视学刊》写了一年“学术随笔”的专栏文章。一路的写作，有阅读与思考相伴，于事业与人生有了许多的裨益。

这些文章，力求做到理性思辨与具象展示相结合，逻辑思维的说服力与形象表现的感染力相结合，注重数据、实例与观点，贴近一线，体现温度与质感。今日汇编成册，就是《我的电视主张》。书中还夹杂一些体现一线探索的随笔、散论⋯⋯想要在大转型时代做一个不迷失的电视人，仍须于事业追寻中研辨理论，理性思考。

电视人的日子过得匆忙，所幸琐碎的时光尚可挥洒在片纸只言中，虽惜才力不逮，却也是电视人一颗湿漉漉温烫烫的心。

2015年6月28日

目录

不管追求何种门类的艺术，当以激情进取，创新超越，实现一种为时代所需要又在书写时代的价值。

面临巨变的视频媒体

中国的视频媒体正面临一场史无前例的巨变。在多屏共存的大视频时代，可以在不同的地方不同的时间服务于相同的人群，已成了一种现实。人们的生活娱乐习惯便也随着媒介生态格局的变化而受到深刻的影响。所以，从视频媒体的融合发展来说，这对传统电视与互联网行业既是一种刺激更是一种促进。

据 2014 年第三季度的相关数据表明，全国上星频道常态新节目，首播月 71 城市收视水平超 1% 的仅占 2%，84% 的节目平均收视率在 0.5% 以下，其中又有一半在 0.1% 以下。这充分说明，在社会化媒体勃然兴盛的今天，人们对资讯、娱乐的关注与获得，其渠道和需求是多元的。有公信力的传统媒体不代表就有广泛的影响力，新兴媒体正从边缘走向主流。而智能手机以及移动互联网的普及，又使得“朋友圈”也成了人们密切关注的信息参照系之一。随着公众注意力的碎片化，传统电视的影响力也逐渐下滑。所以媒体的融合，既能有效推动传媒产业的发展，也能更好地掌控宣传舆论阵地。

办新媒体用的是“平等交流互动”的互联网思维。要如何冲破办传统媒体的思维惯性去办新媒体，从而促使多媒体的融合，值得思考。自我改变自我突破总是痛苦且艰难的。近几年有些报业进行全媒体集群的探索，也有不少电视台办起了新媒体，可怎么也无法与商业门户网站相比。正所谓:说起来丰满看起来骨感。是思维惯性，还是机制体制？好像都有，于是“强化互联网思维”也随之成了推动各项工作的热门词。但新浪网副总编周晓鹏曾经讲过：“其实在硅谷这样的地方，我们很少看到什么互联网思维、机制创新这样的口号，因为当搞清楚要做什么，给谁做，用户为什么需要等这些问题后，所谓的互联网思维等等，都贯穿其中了。”讲得太好了，道理就这么简单。

眼下虽然媒体的融合发展很急迫且没有可复制的模式，但巨大的前景诱人探索。任何方向的探索与努力都值得点赞，主动出击总比被动防守好，有探索总比不去探索强。

《广东电视周报》2015年第1期

融合传媒手段　丰富表达方式

在以受众为中心的新媒体时代，人们对服务迟滞的容忍度越来越低，而媒体的过剩，又使得观众对媒体的选择已高度多元化、随机化。在这样的收视环境和收视习惯下，传统媒体纷纷借助新媒体技术拓展微博、微信、二维码、手机 App 等传播渠道，让电视机与移动终端“第二屏”两者间有了联系的纽带，促使时间空间的维度得以拓展与延伸，如节目现场与外围可通过“二维码”链接，让实时传送手机自拍的影像出现在演播现场，将个人意见和想法体现在节目里，在任何地方收看都可以感受到如同在演播厅一样，观众有了即时沟通、深度互动带来的快感。传媒的形式和手段随之发生了颠覆性的改变。

在日益开放和激烈的媒介竞争面前，媒体人格外重视草根意识的崛起。

让观众参与节目，表达诉求，就是一个很好的不断满足受众心理、强化受众认同的过程：湖南卫视在 2013 年 1 月份推出一款手机应用“呼啦”，将电视大屏和手机小屏进行对接，实现电视节目内容的实时互动；黑龙江卫视通过《大众摇摇乐》，同样推出手机 App，来紧紧抓住电视媒体的传统观众；上海报业集团“澎湃新闻”利用手机 App，实现新闻问答与追踪，强化了从单方面信息输出模式向与受众互动模式的转变，被视作纸媒做互联网的一个成功范例；而最值得我们读者、观众关注的是，广东南方卫视《今日最新闻》，在 2014 年 12 月 8 日启用了手机 App 互动方式，只要你用手机打开“啪啦啪啦”App，拍摄《今日最新闻》正在直播的画面，马上就能接入《今日最新闻》的双屏互动“一拍即合”。对当天的热门话题除了投票，还可以吐槽评论、发表高见。文字评论会以“弹屏”的形式出现，视频评论将是“八秒大声说”。观众自拍的八秒视频，可以即时出现在电视屏幕上。“啪啦啪啦”这个“八秒大声说”功能，让你成为你自己的新闻发言人。以 2015 年 1 月 3 日的数据为例，当日投票用户数 6310，拍照用户数 6496，文字评论条数 1808，视频评论条数 812，总用户数 47217，审核通过用户数 40556。这一方式，有效地提升了观众的收视热情和对节目的黏着度。

这些作为，在将电视观众转化为新媒体用户的同时，将年轻的新媒体用户拉回到电视机前，从而推动电视媒体传播方式的转型升级。在抛弃了传统电视“一亩三分地”的保守封闭的边界意识的同时，传统电视也将由此获得新生。

《广东电视周报》2015 年第 2 期

收视率的界定

当下的电视媒体，处在浮躁不安的生存与竞争环境里，对具体电视节目的评估考核，仍是业界一个绕不开的话题。

电视媒体的属性，决定了对电视节目的评估肯定是一个多维度的综合体系，因为媒体肩负着对国家意志的传达、民意的反映、文化的传承等使命，也捏着对社会效益、经济效益把握的尺度。随之相应有了欣赏指数、观众满意度、节目品质等等的评判，这些都是综合评估体系的构成要素，但可以量化的收视率，是其中重要的指标之一，也就是业界共识的收视率在节目评估中的重要性及非唯一性。这就涉及两个问题：一是收视率在节目综合评估中权重的设置。收视率权重过低，势必会产生与市场脱节的忧虑；过高，则易遭遇过度追求市场化、忽略核心价值观的质疑。央视－索福瑞媒介研究有限公司的郑维东说过这么一段话：“节目换得来收视率，不一定换得来好评与口碑。但是反过来，缺乏收视行为支持的所谓好口碑也只是一种虚幻甚至意淫状态。有人拿好口碑反证节目收视率低是一种市场失真，却要认真问问好口碑是从哪里来。”总之，度的拿捏很考人。

其二是收视率本身。若在电视媒体向多媒体融合转型的现实中，还仅就“城乡”“城域”“广州”或卫视的“71 城市”做传统电视收视的文章，就有欠缺顺应潮流、顺应现代生活之嫌，忽略了从全媒体角度去衡量和考察。现阶段的主要收视终端包括电视、PC 及移动设备如平板电脑、智能手机等。据说 PC 和移动终端的收视数据已可通过虚拟测量仪来获取。如何针对电视跨平台多终端、涵盖多时空的实际情况，获得外延更大的收视率数据，这是当下相关部门要思考的。

有资料表明，尼尔森从 2014 年 9 月开始，收视率汇总来自智能手机和平板的访问观看数据，并用三年的时间建立一个横跨传统电视和数字新媒体的权威收视率统计方式。这，既是对电视媒介价值做加法，更是对收视率的重新界定。

《广东电视周报》2015 年第 3 期

“微时代”语境下的微电影

在“微时代”的语境下，不单有微博、微信、微小说，还有微电影。从近几年参加微电影评比的投稿数量看，年均以20%的速度递增着。这无不缘于网络的发达，手机电视、平板电脑等多收视终端的出现，直接推动了微电影进入大众的生活。短短几年的时间，微电影便成为备受关注的社会文化焦点。

微电影具有微时长、微容量、微制作、微投资的特性，由于拍摄制作的门槛低，许多“草根”加入到了这个行业来。任何一个对视频感兴趣、有爱好和追求的拍摄者，都能够将自己拍摄的视频毫无障碍、自由自在地发表在网上。在媒介内容融合和平台融合的趋势下，微电影这一有着巨大市场潜力的品种被许多平台争相看好。被公认为国内第一部微电影的《一触即发》，便是2010年12月27日在央视首播的，这是一部带剧情的90秒汽车广告。接着有青海卫视《幸福微剧场》、陕西卫视《华夏微电影》等微电影播出栏目，原广东南方电视台也举办过三届年度多媒短片节。当然，以原创模式在网络视频播出的应首推优酷、土豆和腾讯。前几年走红的微电影《老男孩》，就是由优酷视频出品并播出的。这是一部作为“逝去的青春时代的最强音”，唤起了全民的怀旧情绪的微电影，当时被誉为微电影的巅峰之作。可以说，微电影并不孤立地存在于某单一的传播平台，而是传播平台日益多元化。

有学者把微电影分为广告式、电影式、公益式几个不同类型，这都对，但我更关注的是，微电影在内容打造上已被人们认识到可用于建构品牌形象、提升知名度，不管是广告还是公益；事实上，人们已经在通过微电影的方式，向公众传达品牌理念或公益精神。难怪有人提出：对微电影的研究，不能忽视对其传播者的商业利益的拷问。

《广东电视周报》2015年第4期

中国纪录片的回望与关注

记忆中的纪录片，多是回望过去发生了什么。不管是人文类还是社会类，均以跟踪纪实、口述历史、影像重现等记录形态来表达传统与现代的对峙中人们对传统的呵护，满脑子是档案解密、考古挖掘、文化遗产、刑侦破案之类。尽管人们也在说纪录片是一个电视台软实力的体现，但还是难以改变纪录片一不挣钱、二无收视、三无核心竞争力这种固有的认知。不管是大气磅礴的鸿篇巨制，还是韵味悠长的微纪录短片，即便再三让人读出浸透着深深的人文关怀，彰显着温馨的人性光芒，可就是难以走进市场，难以进入国际视野，难以安排在黄金时段播放。中国纪录片一直给人还在路上的感觉。何处是新起点？何时开启新篇章？

笔者以为，关注当下，关注大时代大契机的到来，就会赢得新的开始。

2008年得益于北京奥运会，纪录片《故宫》进入了西方主流社会的视野；2012年，《舌尖上的中国》得益于商业化的定位和国际化的表达方式，发行到世界许多国家，创造了市场奇迹，同时开拓了纪录片模式化的道路；在互联网时代的今天，央视财经频道好时段播放大型纪录片《互联网时代》，系统解读了互联网引发的人类社会变革的重大时代命题，其闪烁出来的思想性和影响力，为人们认识当下社会生活提供了多维的思考，表现了纪录片人与时代同步的使命感和责任意识……

面对飞速变革的中国社会，我们的纪录片人就必须这样直接关注当下，关注中国正在发生什么，关注个体生命的生存状态和具有地域特征的人文事件，特别是作为地方台，因为地域文化特色在中国的纪录片流派中一直占据突出的位置。纪录片不仅有京派、海派，还有渝派和南派等等。眼下的纪录片创作与创新正在走近每一个人，我们看到许多普通百姓开始了他们的微纪录。网络媒体如搜狐高清纪实频道、爱奇艺纪录片频道，关注着纪录片并为纪录片提供了便捷的传播渠道。可以预见，中国的纪录片将在怀有万丈雄心的纪录片人的倾力拼搏下，走出制作的市场化路径来。毕竟，市场才是最大的推动力。

《广东电视周报》2015年第5期

920 节目带

“920 节目带”是近来电视业界的一个热门词，缘于“一剧两星”“一晚两集”的政策从 2015 年 1 月 1 日起正式实施。即同一部电视剧每晚黄金时段联播的卫视综合频道不得超过两家，同一部电视剧在卫视综合频道每晚黄金时段播出不得超过两集。随着原本第三集电视剧的减去，留下的每晚 9：20 到 10：00 这个时间段到底播什么？面对政策调控与市场竞争，这是任何一个卫视都回避不了的问题。作为连接电视剧与大型综艺节目之间的纽带，如何顺延受众注意力，保持对收视观众的黏性呢？不同的卫视有不同的价值取向。

江苏卫视 920 节目带由周一、 周二文化益智类的《芝麻开门》《一站到底》和周三、 周四故事类的《人间真情》来构成；深圳卫视则由《决胜制高点》《军情直播间》《关键洞察力》三档时政节目再加上创业励志脱口秀《百佬汇》来与 10 点档的《直播港澳台》对接，一周拉通；而广东卫视通过高端深度栏目来打造，周一至周四依次是《财经郎眼》《全球零距离》《社会纵横》《你会怎么做》；东方卫视是聚焦民生类的新闻谈话节目《东方眼》；广西卫视是健康知识科普节目《艾问·常识》……

920 节目带的定位与安排，对于任何一家卫视来说，都是一个新的挑战。有数据表明，新年推出 920 节目的第一个月，多数收视不理想，徘徊在 0.5 以下，这便应上了“920 节目带是鸡肋”的说法。

从制作层面来看，因政策的变动带来了市场的需求，倒是个利好消息。江苏卫视的《人间真情》由卫风传媒为其定制；深圳卫视的脱口秀《百佬汇》，是唯众传媒与其联合制作；广东卫视的《你会怎么做》由春华秋实影视公司承制；安徽卫视则由金海豚传媒全面承担 920 节目带的研发和生产，加大了综艺力量。

作为电视台而言，有专家对“一剧两星”“一晚两集”的变化做了估算：一是“一剧两星”对于二、三线卫视而言，平均购剧成本会增加近 50%；二是由于“一晚两集”使三集变两集，原先的两大广告时段缩减为一个广告时段，硬广告砍掉一半，而这将导致冠名广告和其他特殊广告资源的价格至少提升 50% 以上。当然，这是节目交流中心和广告经营部门要思考和面对的。

也许，利用好 920 节目带，在体现“编排也是生产力”这句话内涵的同时，我们能够看到频道卡位得力、迅速崛起的奇迹。

《广东电视周报》2015 年第 6 期

也说《开讲啦》

在国学盛行的这些年，弘扬传统文化成了新时期公共文化服务体系中的重要元素。作为电视人也在积极探索如何面对泛娱乐化的媒体价值取向，在略显浮躁的社会心态中，寻求可以延续文化传承和传播主流思想的节目模式，来对“娱乐至上”做出另类的回应。

央视综合频道与唯众传媒联合制作的《开讲啦》从 2012 年 8 月 27 日开播至今，得到了广泛持续的关注，尤其是年轻人。作为一档人文类青年教育类栏目的成功探索，我以为主要得益于“交流”与“互动”。

从不同播出季不同档期邀请到的名人嘉宾看，都堪称为重量级人物且涵盖多个领域：刘德华、李昌钰、李连杰、俞敏洪、汪涵、冯小刚、易中天、姚明、谭盾、王刚、董明珠、李雪健、闫肃……这些名人嘉宾作为成功人士，是如何从平凡走到今天，他们的人生经历和思考，传递出来的是正能量的人生价值观，他们的坦诚倾诉，令听者动容。为何请了这些人就有那么多的年轻观众呢？这缘于节目制作方通过线上线下的“你想听谁讲，我就请谁来”的调查活动，从中倾听年轻人的诉求，连“演讲主题”和“互动话题”也是这样征集的。这是一个制作方、年轻观众与名人嘉宾三方的首次交流互动；其二是在节目现场，一改《百家讲坛》式的专家学者的单向灌输，在名人嘉宾开讲一段落之后，现场年轻观众可与之交流互动，或请教，或质疑，或探讨……在这里，没有权威，只有分享，便使得双方瞬间激情迸发；再者，在现场名人嘉宾与年轻人互动的同时，设置了另外邀请多位嘉宾参与线上互动的环节，把一场与年轻人的心灵对话演变成一场互联网社区与网友的交流互动。

实际上这就是一种互联网思维，也是文化教育类节目《开讲啦》能从《爸爸去哪儿》《非诚勿扰》等一批娱乐真人秀栏目享有相当口碑的现实中脱颖而出的原因。

真是一档发乎精神需求的栏目，让我们看到今日电视人的追求和作为。努力吧，大家都来好好把握今天！在这里，我想用《开讲啦》的一位嘉宾闫肃老师在节目中的几句话作为本文的结束语：如歌岁月，似水流年，好好把握今天！当今天已成昨天，我依然活在你心间。

《广东电视周报》2015 年第 7 期

学会消费大数据

大数据时代，每天会有海量的数据生成。百度每天要处理60亿次搜索请求，新浪微博用户每天发博量超1亿条……用好大数据资源，将会产生巨大的社会价值和商业价值。

阿里巴巴和腾迅已应用大数据分析，向顾客推荐商品；谷歌公司利用大数据开发电影票房预测系统；华谊兄弟、乐视网、华策影视等娱乐界知名企业引入大数据的专业化分析，应用到选题立项、演员安排、推广方案制定；而对于电视界大数据的应用，说得最多的莫过于2013年美国在线视频公司的Netflix制作的《纸牌屋》，被誉为是依靠大数据专业分析创造了收视奇迹。美国国家公共电台评论说，这不仅仅是制作一部伟大的电视剧，更是在创造电视史。至于国内电视业界，喻国明老师对央视《新闻联播》

2014 年春节期间播出的 11 集“据说”春运和春节，给予了充分的肯定，认为是“近期较为成功的大数据报道的案例”。

大数据已经是一种客观存在，在经过专业化分析的基础上可为我们提供正确的决策，成为一种资源。所以我们要学会使用它、消费它。在重大决策的过程中，都要有大数据的身影出现。

当然，大数据的各项专业分析，需要人的理性判断，正所谓电脑离不开人脑。电视业界的收视调查分析，各种代表性样板户的选取，就很有内涵可考究。比如在广州这座城市，若往荔湾区、白云区、海珠区这些粤语人群密集区多布点，肯定是对粤语电视频道的收视调查有利；若在广州军区大院、广铁大院、大学城，以及广州城边大片白领居住区多布点，那就偏向于普语电视频道。这其中的数据来源是真实的，数据分析是正确的，但因在关键节点上有人的主观因素，着眼点不同就会得出不同的结论，这涉及数据的结构化问题。所以选择科学的数据分析模型至关重要，这样才能在有效地发掘数据背后隐含的信息及逻辑关系的同时，把无效甚至偏差的信息过滤掉，帮助人们比较准确地把握未来。

具体到电视台每月的收视调查数据，首先体现的是当月员工绩效的升降，偶尔对在黄金时段播放而收视不理想的电视剧，也会适时做出播放时段的调整，但这是极个别的。大数据在电视系统的运用，还有相当大的空间等待开发。比如边拍边播的自制长篇南派短剧，是否可以边播出边根据相应数据的分析，为后续的拍摄做出适当的调整，以赢得更好的收视效果和更强的影响力……

总之，大数据的专业分析与应用，用得好，再枯燥的数字也会传导出具有人性化的质感和温度来。

《广东电视周报》2015 年第 8 期

说说摇红包与 T2O

央视春晚，亿万电视观众一年一度的期待。2015 年的央视春晚，引人关注的有两个亮点：首先是第一次向商业视频网站爱奇艺提供了直播版权，电视观众可以在多个屏幕收看春晚；另一个是春晚与微信捆绑，观众可在微信“摇一摇”，摇春晚的节目单，摇春晚直播节目明星拜年的祝福……更多的人是参与了摇一摇抢红包这一全民共享的互动体验。也许好多精彩的节目过后大家都不太记得，却忘不了今年春晚的“摇一摇”。大年初一，“澎湃”做了一个投票，2015 年春晚谁最抢戏？83% 的网友选择了“摇一摇”。这就难怪有人戏称今年的春晚是“红包里的春晚，绝不是春晚里的红包”。

以上两点做法可谓有互联网思维，为传统电视媒体注入了新媒体基因。可惜的是，从近日公布的 2015 年央视春晚的收视率看，全国有 189 个电视频道同步转播，电视直播收视率为 28.37%，若汇总多屏收视率，也只达到 29.6%，收视人数 6.9 亿。从 2008 年春晚有公开数据可查，原被指为最低的是去年马年。马年有 202 家电视台同步直播，观众 7.04 亿，并机收视率为 30.98%。相比之下，今年羊年的收视规模跌破 7 亿，收视率跌破 30%。合作双方虽以双赢为出发点，但实际上这次大赢的是微信的推广。

2015 年开年以来，电视界除了热议羊年春晚“摇一摇”之外，还有“边看边买”的 T2O 模式。这缘于东方卫视 1 月 10 日推出的《何以笙箫默》，试水被誉为影视剧最具商业想象空间的 T2O 模式（TV to Online）。观众如果看上剧中人物的饰品、衣服等商品，只要通过手机天猫客户端扫描东方卫视台标，就可以购买，还可以参加互动抽奖等活动。T2O 模式并不是首次出现在电视节目里，却是第一次出现在电视剧中。它可以让消费者体验到与电视剧互动的乐趣，也为电视剧植入式广告的创意提供了想象的空间。电视台借助 T2O 模式，可以将注意力直接转化为经济效益；而在电商眼里，电视台无疑是一个强大的展示平台，可以实现对不同产品的推广。所以 T2O 满足了两个平台的需求互补，被认为是台网融合背景下的一个战略高地。

可，现实残酷！收视率一直稳居榜首的《何以笙箫默》，却未能给电商带来销量的提升。据公开数据显示，大部分商品月销量仅一位数两位数或者三位数，与收视率的火热飙升程度显然不相称。

无可否认，互联网思维已经成为电视台的必修课题。关键是不能唯互联网而互联网，且各种模式的引进，也会面临着本土化的问题。面对现状，我们值得去思考和总结。

《广东电视周报》2015 年第 9 期

法制节目的时代作为

近日，全国两会正在北京召开。今天人大还就立法法修正案草案进行审议。由此想到了在中国大力推进法制建设的社会现实情境中，电视媒体通过法制节目的影响力参与到公共领域的建设，这是电视人的责任意识和社会担当。

据有关资料表明，目前开办有法制栏目的电视台在全国超过了 150 家，有庭审纪实类、新闻专题类、以法说案类……有的还办成了类似茶馆里的说书场。尽管栏目形态多样，所涉内容均离不开情、理、法三者的矛盾冲突。牵引节目制作导向的是对收视率、影响力和公信力三者尺度的把握。

就说情理法吧。有的节目制作者为了调动观众情绪，由于没有把握好度而陷入失控的情感表达，抓住一点不及其余，变成滥情评论和偏激评论。

而一提到人文关怀，往往就是展示弱势群体的悲苦，这样的关爱，很可能无意中带来的是实质性的伤害。这种情况多出现在琐碎化和低端化的民生类选题上。人在情感世界之外还有理性的纬度，缺少理性层面的思考，便难以达到高品位的要求。情是主观体验，带有强烈的个人色彩；理是客观存在，但合理不一定合法。所以须以法的精神和思维看待事物分析问题，将情理置于法律和原则的规范之中。当然，过分重视法理的探究而忽略了应有的人文关怀，便会失之于单薄与冷漠；主体的适度介入会让观众看得明白，也是一种适度的引导。

除了民生类内容的法制节目，还有很多重大刑事案件、重大突发事件的法制类报道。在互联网时代，多数都是利用网络即时传播；更有几张图片加上几段文字，一条新闻就可以在微博、微信广泛流传。所以既然时效性快不过网络，我们的这一类法制节目就必须另辟蹊径，拓思路、抓细节、多角度看问题，向案件背后寻找社会原因，引发观众的社会学思考，挖掘事件的法律意义，从而推进观众的法治意识。

至于收视率问题，它在电视节目评估中占有重要地位，不仅体现受众的关注度，也体现了广告市场份额的占有度，但它无法说明人们的收视心理，更无法直接评价节目的优劣。所以有好的收视率并不等于有好的影响力和公信力。影响力和公信力是栏目的品质导向。三者的关系须拿捏有度。

当然，一档好的法制栏目，离不开法制记者的素养。常见的低级错误就是法律语言不规范，如“被告”与“被告人”这两个截然不同的概念经常混为一谈。须知，民事案件中称“被告”，而刑事案件中才称“被告人”；还有典型的“主观臆断、媒体宣判”，如“某某面对的将是法律的严惩”，事实上严不严惩不是媒体说了算，终须由法院审理才能定。凡此种种，不一而足。

总之，在时代大潮的推动下，在法治建设不断得以完善的今天，我们期待有更多不负时代的佳作问世。

《广东电视周报》2015 年第 10 期

文化与公益

近日翻阅杂志，见有一则文字如是描述：“《人民日报》海外版以《浙江卫视讲＜中华好故事＞》为题，面向海外读者介绍弘扬社会主义核心价值观的实践做法。”文字虽短，却让我在意。原来说的是 2015 年 1 月浙江卫视又推出的《中华好故事》第二季这一系列节目的事。本以为只有“好声音”，没想到去年八月晚间黄金档推出的这一原创文化节目，通过三百个中华好故事，展现五千年璀璨文明史。以“爱国励志”为主题，在将公益性与服务性相统一的前提下，让许多青年学子在专门基金的帮助下实现了公益梦想。好有文化的励志公益节目！难怪有网友说：既能听好声音，又能了解中华文化，真心赞一个。

无独有偶，安徽卫视一样旨在弘扬社会主义核心价值观的国内首档明星公益益智节目《全星全益》，《人民日报》海外版也有评论：“节目中不折不扣的正能量不禁让众多将公益和主流价值视为收视禁区的电视人感到惊奇，它在并非最热门的周四档，却取得了不俗的收视成绩。”当然，这档《全星全益》是引进英国原版模式的节目。虽非原创，但通过本土化的改造，把“大明星”帮助“小人物”实现梦想的模式搬上挑战的舞台，每一个明星的肩上都承载着重重的责任，每一次努力都牵动着现场和电视机前观众的心。正如这档节目的制片人吴聪所介绍的：明星答题的每一次对错都应对着高额的公益基金，如果出现负分，明星要自掏腰包补齐。明星嘉宾通过自己的努力，能为自己帮扶的草根英雄赢得实现梦想的机会，那是多么美的享受！

以上两档节目均被评为2014年全国年度优秀节目。这就再一次印证了不管节目模式是原创还是引进的，不管是通过明星还是借助文化，最终实现公益梦想引人向上的节目，都是最能引起大多数人情感共鸣的好节目。这类节目的成功并非闭门造车，更非无源之水，那是得益于厚重的文化底蕴和公益情结。

文化是一个民族赖以生存和发展的灵魂。在文化产业化进程中，虽然追逐经济效益的最大化对于电视媒体来说是必须的，但媒体对于文化传承的社会责任和公益情怀是丢不得的。我们期待有更多富有公益情怀且对提升电视文化软实力有益的节目出现。

《广东电视周报》2015年第11期

辛劳与智慧

近日，2014 年度广东省广播影视奖的评比落下了帷幕。笔者有幸作为终评委，见证了一年一度的盛事。其间审看了一等奖的诸多作品，阅读了作者撰写的采访过程及作品评介、专家评委的点评，颇多感触。在此我撷取两篇一等奖作品做一综述，与大家共享。

在电视泛娱乐化的今天，广东广播电视台珠江频道推荐的《与天性邂逅——画家谢楚余》（获电视文艺一等奖），可谓是高端文化访谈栏目《文化珠江》的一篇力作。作者敏锐的触角捕捉到：这是一位作品名气远大于画家本人的画家；画家身上一直有“美女画家”标签，但柔美气质里面还兼容着对粗犷美的追求、对重大题材的关注；同时也有着血性的对美的捍卫，如对侵权商家的起诉。面对如此立体、丰满的采访对象，我们的记者跟踪拍摄两个多月。电视片中内蒙古草原的苍莽、骏马的奔腾、画家细腻的笔触、笔下含情的蒙古姑娘，加上画家唯美的审视，让观众的审美意识流在刚与柔、动与静的反差中起伏，在粗犷与细腻中留下跨时空的想象，在厚重的人文气息中，自然便有了“与天性邂逅”的认同与点题。在让观众赏心悦目的背后，是电视片作者摒弃以往单一室内访谈的形式，多角度多维度着力刻画的辛劳付出。

《向文波：我告奥巴马》（获电视新闻一等奖），是广东广播电视台经济科教频道推荐的一个新闻访谈栏目《佳访》的一期节目。访谈的背景是2014年7月，中国著名民营重型机械企业三一重工历时两年长跑的诉讼，在美国联邦巡回法院胜诉一事。这起案子引起举国关注的原因，诚如电视片作者所述：因为被告是美国“最牛”的机构和个人——美国外资投资委员会以及奥巴马总统。这一官司的主角三一重工，用一己之力证明了中国企业再不是任人宰割的羔羊。记者意识到这是一件创造历史的事件，所以坚持邀约专访三一重工总裁向文波，执着地从广州赶到北京，又从北京追到山东。当然，发现并挖掘到这一题材，节目已成功了一半，但也仅仅是一半。关键的另一半是记者的专业素养。记者能对事件进行深度解读，从而得以梳理出一个个颇具思辨性的话题，让被访者认可并愿意对之倾诉，在访谈对答中彰显了访者的睿智与被访者的率真。如“在国外能胜诉总统在国内告不赢县长”……使得节目很有厚度。

以上两个节目不同题材不同类别，均在作者的不懈努力下得到了认可，这就叫功夫不负有心人！而这有心人就得是有辛劳的付出和智慧的拥有。

《广东电视周报》2015年第12期

从民族记忆走向人类记忆

今年，世界反法西斯战争胜利 70 周年。

周末，一口气看完了五集大型纪录片《1937 南京记忆》，这是第 25 届阳光国际纪录片节提案预售奖唯一获奖的纪录片。

令我心灵震撼的是，花样年华就此毁灭的华裔女作家、《南京大屠杀：被遗忘的二战浩劫》一书的作者张纯如。她撰写的这本书，于南京大屠杀 60 周年之际（1997 年）在美国出版发行，这是第一本用英文写作的、全面记录侵华日军对南京所犯暴行的著作，引起美国社会的强烈反响并连续三个月被列为《纽约时报》最佳畅销书。北京大学俞虹教授深情表述：“有时候她像是上帝派来的，来解读、拯救、唤起人们对南京大屠杀记忆的一个天使。这个灿烂的生命因对这个事件的深入介入而被毁灭……”没有张纯如撰写的这本书，就没有美国泰德·莱昂西斯出品的纪录片《南京》（2007年在美国公演），也难以唤醒全世界对“南京大屠杀”的历史认同和记忆。所以《1937南京记忆》开篇就从张纯如说起，不动声色地叩击着观者的灵魂。

令我内心点赞的是，这不是一个单纯为历史而历史的纪录片。它讲的是历史，结合的是当下，以当下勾连历史，反思历史。

2012年2月，日本名古屋市市长河村隆之对来访的南京市代表团表示“南京大屠杀”并不存在；

2014年8月4日，日本官房长官菅义伟对中国就南京大屠杀向联合国教科文组织申报世界记忆遗产一事，污称“中国将日中之间过去的负遗产进行‘恶作剧’式的展示”。

为什么犹太人受纳粹压迫的历史全世界都知晓，而南京大屠杀却“像是不曾发生过”（美国纪录片《南京梦魇》导演约瑟夫），在全世界并不为众人所知？

所以，在世界反法西斯战争胜利70周年的时间节点推出《1937南京记忆》，以现在进行时的时态来探索南京大屠杀的真相，有着非常好的和现实社会之间的互动。同时，在强有力的证据资料和证人的前提下，这部纪录片的叙事语言平和而自信，没有义愤填膺，超越了国家立场，作者是站在人类文明的高度，用国际视野来对这场大屠杀记忆进行理性解读。因为这不是简单的中国自家的事，讲述的是人类的故事，是对人类命运的怜悯与关注，体现了深沉而博大的内涵。这，应该成为人类走向永久和平的共同记忆。

《广东电视周报》2015年第13期

互联网 +

在电视圈，“多媒体融合”“互联网思维”已经是人人知晓的熟词，有如醍醐灌顶，几乎成了广播电视获得新的生产方式和发展模式的不二法门。

网络媒体的普及，多收视终端的出现，特别是被公认为继报刊、广播、电视、互联网之后的“第五媒体”——手机媒体，方便快捷，受众容易接受，使其大受追捧，伴随着还出现“手机控”的新名词。传统电视的传播能力已被众多媒体稀释。据第三届中国互联网电视产业论坛提供的数据显示，我国互联网终端用户目前已达到 5000 万，传统电视开机率从 70% 下降到不足 30%，而互联网流量的 80% 是视频业务。我国网民规模截至今年 1 月份，已达 6.32 亿，全年新增 7000 多万，广告大幅流向商业互联网公司。据《中国互联网广告市场季度监测报告》可知，2014 年中国互联网广告达到 1565.3 亿元，较 2013 年增长 56.5%。传统媒体由于广告增速放缓，显得极度焦虑和业务不适。

当然，传统电视媒体在与新媒体融合发展过程中，也有许多的尝试。

以“实时 + 互动 + 数据”为本的各种手法在各地电视传媒相继出现；利用微博、微信与电视交叉融通；纷纷开通“公众号”；还有弹幕的灵活应用，成为融合发展、媒体转型的捷径。一时间显得电视扩大了影响力，充满了开放性的活力。有的还将一些电视产品如新闻信息、人物专访等放置于移动端，感觉就是在做新媒体。

事实却十分残酷。这样做也许会扩大一定的影响力，但占领不了市场，壮大不了产业，还会因同质竞争伤害到实体媒体。有专家学者指出，目前传统媒体在微信、微博上的用户看似属于自己，实质上却属于商业互联网公司。用户所产生的大数据，是媒体运营的核心利益，商业互联网公司从未开放过后台核心大数据，也不可能让其他人分享产生的价值，商业互联网公司获得的丰厚收入与自己毫无关系。

李克强总理在政府工作报告中提出“互联网 +”行动计划。这说明互联网已纳入国家经济的顶层设计之中。新媒体的融合发展是一个开放性的概念，行业、产业间的界限正在被颠覆和瓦解。阿里已经实现了电商对传统零售业的颠覆，电商节省了场地和人力成本，方便了生活，传统的商场面临严峻的挑战。这就是互联网 + 零售。而什么是互联网 + 电视？

人们已经习惯于在网络上获取信息的方式，即打开链接。是否可以把使用网络的习惯转化到电视节目内容和形式的设计上来，让电视产品的创作者拥有更加开放和灵活的设计理念，得以释放自我的创造力。时代赋予媒体行业在常态中先行先试的机遇和使命，必须要有颠覆式的创新才能抓住机遇；必须构建跨地域跨行业的产业生态链，才能建立自己的商业模式和拥有新的盈利能力。

《广东电视周报》2015 年第 14 期

创新驱动发展

近来网上流行一篇题为《如何跟上习近平新闻理念》的文章，谈到了习近平总书记的新闻观与宣传观，引发了人们对传媒工作的思考。

在微博、微信、公众号大行其道的时代，每个人都是传播者。人人都可以通过手机、电脑等终端自由发布信息，表达自己的看法，发泄个人的情绪，影响大众，影响舆论。信息的传播趋向了平等、交流与沟通。说到这，我想起了一句话，叫“拉一下就是朋友，推一下就成了敌人”。说的是许多舆论监督或叫批评报道本身并无恶意，如果批评者的意见得到倾听与重视，双方在交流与沟通中批评者可能就成为了被批评者的朋友；反之，本来温和的批评被激烈地应对，批评者也许就被推到了对立面。正是在这个意义上，我深感政务微博的出现是社会的进步。政府通过网络与公众进行互动和沟通，加强交流与反馈，政府与公众之间的关系，便由政府新闻发言人的“发言”变成了平等的“对话”。

随着民主法治建设的不断推进，公众通过网络了解和参与社会大事的现象越来越普遍。所以媒体要赢得公众，需要在语态和思维层面进行重构。

宣传要变灌输为说服。说服是互动、是辨理，灌输却是单向的、生硬的。

宣传面对问题，客观更能被接受，坦诚更能赢得认同。

宣传者要善于“小骂大帮忙”。小骂是善意的批评，能引导公众理性看问题。

只有坦诚地面对和沟通，才能寻找到社会的“最大公约数”，从而形成一种建设性的正能量。

另外，我们在看到新媒体创造了前所未有的舆论环境的同时，也惊叹新媒体网络热词的流行，这些热词触及公众生活的各个方面。不管是自娱自乐地调侃生活，还是真实情感的日常表达，均在一定程度上反映了舆情表达了民意。像前几年的“给力”“屌丝”曾出现在《人民日报》上，为传统媒体所接受。去年的“时间都去哪儿了”“失联”“萌萌哒”……等网络热词可谓“网上方一瞬，热词已千里”。热词流行语并不一定与主流舆论相对立。因此如何准确评估、恰当处理网络热词流行语，也被人们认为是考验着媒体及其从业人员职业素养的一个方面。

当前媒体在大力报道社会各界的“创新驱动发展”，我们媒体人也应置身其中，一起来寻求新媒体语境下新闻宣传工作的创新驱动发展。

《广东电视周报》2015 年第 15 期

说说“书画印创作大赛”

广东广播电视台主办，深圳市宝鹰建设控股集团股份有限公司协办，珠江频道《文化珠江》栏目牵手《国际日报》承办的“宝鹰杯·书画印创作大赛”终于拉开了帷幕。

活动的举办，从宏观来说，是践行了习近平总书记在文艺工作座谈会上的讲话精神，是贯彻落实文艺创作以人民为中心，努力弘扬中华民族优秀传统文化的具体体现。从微观来看，我们相信高手在民间。通过这样的活动，可以展现来自社会各阶层艺术爱好者的生活追求、艺术趣味和内心美好的期盼。

在多媒体时代，互联网的“点赞”和“红包”是兴奋点，“链接”和“圈子”是新时尚，我们当然要拥抱这个世界。但当我们深情回望传统的时候，在历史的纵深处，会发现有一种精神与我们遥相对接，生生不息。这就是文化的传承、艺术的不朽。

书画印创作首先是感性的。欣赏者透过作品可感受到作者情感的洋溢，感受到笔画线条挥运中鲜活的气息与充满气韵的人格境界，给人们带来的是艺术的享受和对灵魂的净化。具有生命意蕴的艺术作品，能焕发出感人的力量。或许，这正是书画印艺术体现中国人文精神的魅力所在。

许多有识之士认为，今年2015年是个艺术市场洗牌的元年。随着反腐的不断推进，势必会将一批伪艺术家淘汰出局，靠炒作官员作品的画廊、代理商们将被清洗掉，艺术市场的安全指数自然也会随之上升。正是在这样的历史节点上，珠江频道《文化珠江》作为负有传承文明教化责任的栏目，既是应时而动，也是有所作为；是文人观照社会的情怀，也是媒体人在当今这个社会应有的担当。

今天是农历二月廿八，无比美妙的春天时光，枝头有许多新绿。西泠印社著名篆刻家余正，中国美术馆原副馆长梁江，广东画院党组书记、副院长洪楚平，宝鹰集团副总裁古朴，特邀外籍评委熊德龙先生等来到了启动仪式现场，大家聚到了一块。这个发生在春天的故事，秋后一定会有硕果。因为我们相信来自各地的参赛者们，他们一定会在这个春天里，寻获一丝半缕的灵感，让心中的诗意跃然于参赛的书画印作品中，我们非常期待。

《广东电视周报》2015年第16期

新媒体时代的电视民生新闻

电视民生新闻,走过了十几年的发展历程。从最初家长里短的“小民生”,到解读和诠释“国计”、服务百姓的“大民生”的转变，这是社会的进步，也是媒体人的努力。然而，随着网络新媒体的发展，电视民生新闻出现了许多新的挑战和发展瓶颈。

新媒体时代，百姓通过简便的传播工具就可以拥有属于自己的传播平台，随时随地既提供信息，也分享信息。传统媒体的主角地位明显受到了挑战。因此，走多媒体融合之路，将电视内容的传播路径扩展到网络、微博、微信、手机等，内容传播渠道增多了，信息获取的人群也增多了，但原本就有限的电视收视人群，可能就因有多样化的收视选择而分流了。如何强化具有产业属性的电视业的发展？强势媒体如湖南卫视，发展自己的全媒体，资源不外流；而弱势媒体，却要借助外力，纷纷把自己做好的节目播后甚至播前就发往优酷、爱奇艺等其他新媒体，以期收到更好的传播效果。当然，同时也在减少着自己传统电视的市场份额。这便是新媒体时代的“马太效应”。

新媒体的发展，使得对新闻事件的播报，电视媒体的速度已远不及网络新媒体，且在传播的“量”上新媒体也占有压倒性优势。但挑战与机遇并存。新媒体海量信息的涌入，特别是民生新闻，缺乏一定的审核，真实性让人打上问号。据中国新媒体发展报告统计，微博上近三分之一的信息是谣言或毫无根据的传言。在网络谣言出现、是非混淆之时，正是传统媒体不能缺位的时候。人们要通过传统媒体核对是否是真的。在这样的背景下，传统媒体在“信”上优势凸显，它的可信性让电视从业人员情绪高涨，回归新闻本源的呼声也跟着高涨。有趣的是，面对网络新媒体的虚假信息和谣言，北京电视台新闻栏目《特别关注》与北京市互联网办公室合作，联合首都互联网协会，千龙网、腾讯、搜狐、新浪加盟，共同搭建辟谣平台，推出“一辨真伪”专栏。当网络谣言出现，记者即刻调查采访，借助专家、权威机构的论证，让正确答案以正视听。这可谓是网络新媒体借助电视传统媒体“打假”。

其实，最为接近新闻真实的报道方式是现场报道，它是新媒体时代电视新闻提高信息可信度，回归新闻本源的重要手段。因此，第一时间到达现场，第一时间进行报道，第一时间播出报道，成了新媒体时代电视民生新闻的不二之选，也呼唤着现场报道的直播要常态化。

电视民生新闻在面对新媒体的快速传播，从业者除了呼唤直播常态化，也在思考着可把信息传播的平台转向视为观点、评论的平台，追求的是报道的深度性，是对报道事件的深度解读和整体把控。或许，这也是海量快速传播的新媒体所不及的。

《广东电视周报》2015 年第 17 期

实力的较量　智慧的比拼

今日中国电视业界的种种举措，让人不禁发出有如观看摩天轮的慨叹：上去了又下来。

湖南广电 2000 年成立传媒集团；2010 年 6 月 28 日改革成立湖南广播电视台，集团变成台；今年 4 月 15 日又完成转企改制，组建新的湖南广播影视集团，台又变回集团。这让以其为目标想快步跟上的电视台总有慢一步的感觉。也许有人会以为称台就是重视媒体管理，改集团就是强化市场经营，实际上什么时候两者都是并存的，关键看怎么做。目前在电视行业中成了热潮的“制播分离”模式也一样，分合之间，虽说有实力的较量，更是眼光的比拼。制播分离引入之初便被期望成解决广播电视存在问题的灵丹妙药，结果走了一段路之后回望，发现不少电视台的节目制作部门都开始转为做节目审查的工作，同时也渐变成替外包节目推出不同的宣传和划定播出的时段，且多是黄金时段。好时段容易赢得好收视，便也容易证明当初决策的英明。对二、三线卫视以及省级地面频道来说，原本体制内的能人可能就会“闲置”或留不住而“跳出体制”，或换一种方式跟电视台合作。也难怪有人质疑“制播分离”会否造成电视频道“空心化”的风险，因为当频道只有选节目以及作为播出平台时，频道便也成了空壳一个。为了预防“空心化”，一些卫视没有选择制播分离，而是培养自己内部团队。湖南卫视就表明：2015 年不进行制播分离，选择制播合一。湖南广播影视集团董事长吕焕斌表示，湖南卫视没打算引进此制度，湖南卫视所有节目都是自制的，IP 版权也全都掌握在自己手中。笔者以为，湖南台也许在台的顶层设计上是有制播分离，但不是完全依靠社会化市场化的制播分离。

让有事业愿景的能人在体制内创业，形成体制内的“制播分离”，让“人力资本”的价值在体制内市场化，倒也是不错的主意且不乏成功案例：央视全资子公司“央视纪录国际传媒”就成功打造了纪录片《舌尖上的中国》；安徽广播电视台的全资子公司金海豚传媒有限公司，近几年推出了《男生女生向前冲》《超级演说家》《我为歌狂》等一批较有影响的季播节目，现在的“920 节目带”也全由金海豚承制……

当然，“制播分离”的初衷是让市场发挥主体作用。但目前制播分离的节目创收多是来自广告，节目的版权销售、付费下载、订阅收看等多渠道经营开拓远远不足，对广告依赖度过高，也制约了制播分离的市场化进程。加上制播分离的节目评估系统和标准缺失，也造成了台内不同频道同是制播分离的节目，不能在同一标准下进行评估。建立真正的市场标准和市场体系，还有一段路要修。

新媒体的兴起改变了传统电视媒体的生态格局。向前看，我们鼓励开拓，鼓励创新；退一步想，大凡新的举措，永远都面临着经验不足的问题，假若经验可以覆盖，可能就不是真正的创新了。

《广东电视周报》2015 年第 18 期

《百家讲坛》与文化热

时下，电视圈里议论最多、点击率较高的莫过于央视科教频道的《百家讲坛》。阎崇年、马瑞芳、易中天、于丹等这些昔日只在象牙塔内、圈子里享有名气的专家学者，一上了“讲坛”便也走近了寻常百姓，享誉市井，一夜之间“走红”。创办于 2001 年的《百家讲坛》也因之从默默无闻、孤芳自赏中迅速崛起，收视一路飙升。观众开始觉得娱乐大众的电视媒体，也可以办得有文化；电视人也找到了打造“大众的学术演讲明星”的窍门；学者们更是恍然大悟：原来学术可以这么讲。于是便有人评曰：“《百家讲坛》，坛坛都是好酒。”这句评语便成了该栏目现在的制作理念。

流行曲里唱着“不经风雨哪能见彩虹，没有人能随随便便成功”；俗语也讲“没有无缘无故的爱，也没有无缘无故的恨”。《百家讲坛》的走红，红在哪？固然有电视人的诸多努力，如寻找重量级的演讲者——探索名人效应；强化演讲中“悬念”的融入——增强对命运、事件的关注度，具有隐性的互动。至于丰富的影像表达、技术手段的调动，那都是任何节目应该追求的“例牌”。

不容忽视的是，在电视产业化的推进当中，面向市场，收视率成了人们不能忽略不得不重视的数字。一大批文化栏目，近年陆续倒在收视率的棍棒之下：湖南电视台的《爱晚书亭》、凤凰卫视的《开卷有益》、央视的《读书时间》……。而《百家讲坛》这两年反而能走出困境，我以为主要是迎合了市场，迎合了百姓：借助当下热播的古装影视剧，引起人们对历史事件和经典名著的热衷，使得百姓不再满足于戏说，而是想知道历史的真实；借助于目前处在构建和谐社会、和谐文化中，人们对“中庸之道”等等如何解读。总之，在社会转型期，在让中国走向世界，让世界了解中国的当下，人们对中华历史文化会越来越感兴趣。电视制作者便主动选择了适时的题材，如阎崇年的《清十二帝疑案》、刘心武的《揭密〈红楼梦〉》、易中天的《汉代风云人物系列》、于丹的《〈论语〉心得》等等。从中我们可以感受到电视人的积极探索，同时也感受到收视率这一棍棒的隐性作用，因为它已内化为电视制作人的自觉要求。

有人指出，如果把这些选题与荧屏热播的清宫戏、唐宫戏联系起来，确实两相得益，但下一步如何拓展呢？是否由于选题的过于狭窄而短命呢？也不无道理，但愿只是杞人忧天。

时代、社会发展太快了！20 世纪 90 年代电视兴舆论监督节目，近些年取而代之火爆起来的是无节制的娱乐节目。目前渐红火的文化类节目，也许就是人们议论的对过度娱乐化的拨乱反正。每个时代都有它的烙印，只要追求过、火爆过，也就无愧了。

文化类节目，需要睿智和博识，需要灵气和内涵，更需要思想的交流、智慧的碰撞。它能营造一种情调、一种氛围、一种状态；更在于它带给受众知识积淀和精神休闲时，让人们在精神和心灵上获得真正的艺术愉悦。

这不是浅薄的娱乐满足，而是一种更高层面上的娱乐享受。

当人们还在探讨此类节目也许多数美誉度高收视率低的时候，新一轮文化节目竞争的浪潮已确确实实到来了。

《南方电视学刊》2007 年 2 月总第 63 期

也说电视购物

电视购物的最大特点是无店铺零售。若要说有，那就是将购物频道视为电视台的空中店铺。

1982 年美国佛罗里达州创办了世界上第一家电视购物公司，而国内的电视购物最早可追溯到 1992 年广东电视台珠江频道率先推出的“美的精品TV 特惠店”。伴随着数字化改造的不断推进，目前且不说电视购物是否渐入佳境，但确实是在不断兴起：上海的“东方购物”，安徽的“家家购物”，湖南的“快乐购物”，CCTV 的“中视购物”，江苏总台、浙江集团以及台湾东森联手打造的“好易购”……

国内电视购物的发展，可以说是经历了从广播到窄播的过程。在大众化广播年代，电视台卖的是观众、卖的是内容，电视人谈的是收视率的提升和内容为王的话题；在分众化窄播的今天，是在谈论卖商品了。商品社会多样化的商业模式，为媒体经营提供了更多的选择。在运营上，如湖南电视台、BTV–5等，是一种媒体自主经营购物频道的模式；上海文广新闻传媒集团与韩国家庭购物巨头CJ公司共同投资的“东方CJ家庭购物”、广东电台与白马控股公司联合组建的“开心购物”，则是引进合作伙伴的模式；而目前国外更多的是由专业电视直销公司为主体，组织货源并制作成电视节目，购买电视台的广告时段进行播放，委托第三方进行物流配送和资金结算的模式。内容方面，欧美的电视直销，销的多是商店里找不到的商品，日、韩的电视直销，销的是在商店里也可以买到的商品。至于覆盖手段，湖南台的“快乐购物”一开始就选择了有线和数字同时开播的两条腿走路的模式，而更多的电视购物依托的是数字频道。有线目前人气旺但有地域限制，数字目前尚未火爆但可以走全国市场。当然，许多做法都是发展过程中的现象，一时难说是非优劣，但人们不难从下面一组数字，看到电视购物的前景：2005年，我国电视购物仅占零售市场的0.1%，而日本、韩国已达10%以上，美国则为8%左右。这足见我们的市场成长空间很大，难怪被称为电视媒体盈利的第三条路。

电视购物对商品生产者而言，是一种营销模式；从消费者本身来说，却是一种全新的消费方式。而它在为电视台开辟新的盈利空间的同时，也促进了现代物流业的发展，使相关产业链得以配套完善。

数字电视的发展，为电视购物提供了难得的机遇，而数字电视的发展速度，将直接影响购物频道的格局。于是，在乎电视购物频道的产业化发展，就得关注数字化发展的契机。

有人撰文指出：日、韩国土面积小，物流配送方便，支付手段先进，所以很快成熟。这正好点醒我们：虽说咱们泱泱大国，市场潜力无穷，但物流环节的完善、信息系统的健全……需要时间。

《南方电视学刊》2007年4月总第64期

在转型中提升

信息时代的飞速发展，媒体竞争的不断加剧，催生了广告代理公司。广告代理制便在这些年成了人们关注的一个现象，议论的一个话题。笔者身在媒体就只说媒体。

其实道理很简单，当双方的直接交易成本高于委托第三方进行交易的成本时，广告代理制便应时而生，于是有了真正意义上的广告代理公司。这是市场经济运营机制、原则适度制约下的产物，换句话说，广告代理制是企业、媒体、广告公司之间博弈的结果。

社会处于转型期，在转型期中孕育着希望，一切都变得让人充满期待:

广告经营向代理制转型，让媒体释放出自身的经营压力，将主要精力专注于节目、项目的制作和精品的打造上，进而提升媒体品质。

广告资源和传播时机有限，市场又是瞬息万变。当媒体处在激烈竞争的阶段，有实力的广告代理公司，通过多种媒体如多个频道（频率）的独家代理，形成媒体资源优势，在一定程度的资源整合上，容易吸引大客户、大品牌的广告投放，确实有助于提升媒体平台的权威性和影响力。

…………

然而凡事都有两面性。当人们把代理制与当前中国广告业存在的诸多不尽如人意之处联系在一起时，又变得让人忧心忡忡：

把所有鸡蛋放在同一个篮子里，对媒体来说，其风险也是难以预测的；

靠借鸡生蛋多层承包的广告代理公司也不是没有，搞得好，可能吓死胆小、撑死胆大的，搞不好，扔下一个烂摊子；

…………

可以说，代理制的出现，对媒体也是一种全方位的考验。在市场竞争如此激烈的大环境下，如何把握机遇，该出手时就出手，这是极需智慧与胆识的。

我们看到了代理制的优劣长短，也感知了代理制同时承载着市场双刃剑的无奈。特别是在传播链条上存在一定的运作缺憾。一旦因为节目或活动的需求，要将各种资源进行整合的时候，媒体就会显得苍白无力、束手束脚。

我们必须理性面对，客观思考。

在我国实施市场经济的这二十多年间，经历了由最初媒体自行招揽广告，到付一定的代理费委托广告代理公司销售版面、时段，发展到今天广告代理公司买断资源的过程，说明一切都顺应着社会的脚步。目前的广告代理制作为一种市场运营机制，肯定会随市场经济的发展而发展，在不同阶段应会有不同的代理制模式，也就是不同阶段的转型，并在转型中收获创收的提升与品牌的提升。

广告经营的转型，来自与时俱进的才智与坚持不懈的探索。而今电视媒体正处在青春勃发的年代，连一次转型、一点躁动都可以如此地魅力四射，直让人翘首未来。

《南方电视学刊》2007 年 6 月总第 65 期

中国动漫　一旦崛起

在传统观念作用下，中国动漫被认为单纯是儿童教育的一种方式；日本却将动漫上升到作为发挥国际影响的“软实力”，下面的数字颇能说明问题：全球播放的动漫节目约有60%来自日本，有68个国家播放日本电视动画，有40个国家上映日本动画电影……

在欧美日韩，动漫产业已形成产业集群经济。日本2003年出口到美国的动漫产品的收入，是钢铁出口收入的四倍，实际上已成为超过汽车工业的第三大产业，广义动漫产品已经占日本GDP十几个百分点。在中国，大部分动漫企业盈利模式单一，多数期望从电视台播放与音像产品发行来回收成本。而每分钟制作成本为2000–8000元的二维动画片和成本为1万－5万元的三维动画片，卖给电视台的价格大多每分钟不高于百元。这对于还停留在自产自销作坊式的中国动漫企业来说，资金回收极其有限，难以为继，只好仍充当着海外产品来料加工的角色。

目前中国内地已成为欧美日韩动漫的最大加工地，单就法国而言，其动漫市场几乎80%依赖中国的动画加工来支持。

有人说中国的动漫产业虽是一种新兴的朝阳产业，但生不逢时，认为这种缺乏自主产权、无法实现最大利润的动漫加工业，其加工就和吸毒一样，吸的时候快活，但很快就会走向死亡。

其实未必！

加工地既培养了大批成熟的动漫制作人员，又提供了管理方面的经验借鉴，为我国动漫制作尽快进入高附加值环节做好了相关的储备。

政策的强力推动催生出投资机会，如鼓励多种经济成分共同参与影视动漫产业的开发和经营，为国产动漫注入了发展动力。

国家有关文化创意、产业融资的问题也提上议事日程。用知识产权做抵押，第三方做评估，保险公司来担保的“国家文化产业银行”的模式已见雏形。

当然，在中国动漫产业的发展进程中，我们要做的还有很多。

要强化市场意识以及完善支配动漫产业链各环节市场化的运作机制，大胆借鉴日本“漫画先行、激活产业”的成功理念，以产业化的方式来打造成功的动漫形象和内容。

要在动漫版权开发上寻找最具链接价值和链接可能的外部资源，如国际合拍、播出机构、海外发行、衍生产品生产等。

…………

当今的中国动漫市场正在蓬勃发展，中国作为全球的动漫产品加工地，为外国品牌加工的模式，已为中国动漫业奠定了做品牌的基础。

应该说，中国动漫一旦崛起，必定势不可挡。

《南方电视学刊》2007年8月总第66期

上天与落地

营销界人士称现今这个竞争异常激烈的时代为“终端为王”的时代，谁拥有了终端，谁就主宰了市场。借用到电视领域，电视品牌的终端，就是我们的观众。终端传播必须具有一定规模的覆盖面，这是毋庸置疑的，不然品牌的魅力无法在终端释放。这就扯起了卫视节目“上天容易落地难”的话题。

从1989年西藏电视台首个上星到1999年的海南电视台上星，中国的电视界用了整整十年完成了所有省级台都有一个频道“上天”的过程。随之“落地”问题也经历了从20世纪90年代的自然落地到对等落地、对等差额落地的不同阶段。接着由于台网分离，网络自负盈亏，原先一定程度上靠人际关系的落地模式便逐渐瓦解，市场行为成为必然，也就有了后来的2004年

5 月杭州网络的“拍卖”之举，使得覆盖市场变数增多，落地费加速上升。

有关数据表明，前两年省级卫视要想在覆盖上具有全国性传播价值，基本投入不少于六七千万元，眼下更不用说了，少则近亿元。这对年创收三四亿元以下的卫视来说，是个不菲的支出。电视人便检讨起追求覆盖人口规模最大化和覆盖地区范围广域化的做法。而目前的竞争又几近惨烈，从 2002 年至 2005 年，全国城市晚间黄金时段收视从 55.5% 下降至 47.2%，与此相对应的卫视频道晚间黄金时段，总体收视也呈逐步下滑之势。

也许应了一句“此消彼长”，虽说晚间黄金时段过度竞争的结果是最高收视率的下降，次黄金时段却催生了差异化的竞争并带动总体收视水平的提升，使得频道收视曲线扁平化的趋势明显。当然，这是另外的话题了。

覆盖与收视，特别是晚间黄金时段的收视，始终是卫视经营产业链的两个重要环节。于是人们又开始考虑卫视的定位是走全国覆盖还是区域覆盖，是靠频道的品牌带动覆盖还是靠专业发展来促覆盖，产品的展示区域越大，是否代表购买的消费者越多……由此业界出现了卫视必须理性地面对覆盖市场的呼声。如何有效地提高落地覆盖的质量，提高卫视频道在当地有线网络的入户率，成了研究的课题，引发了对卫视落地要求的重新梳理。笔者从一份资料得知，2006 年山东卫视在与网络公司签订落地协议的同时，还要与之签订落地推广合同；为使电视观众便捷地收看并锁定山东卫视，在与各地网络公司签署新一轮落地协议时，还把低端频率及无干扰的频道位置列为重要的内容。这真可谓是应时而动。

终端是品牌看得见的生命线。只有提高覆盖的传播价值，电视品牌的魅力才能在收视终端如花般绚烂地绽放。

《南方电视学刊》2007 年 10 月总第 67 期

电视·草根·情感

搜索我们的电视荧屏不难发现：民生新闻遍地开花，栏目剧相继涌现，情感栏目接踵而来。这是三个不同形态的电视节目，却都源于相同的“草根”意识，出自相同的对小人物命运的关注，体现了相同的追求：平民视角、平民内容、平民语言，甚至于平民的评价标准。

随着民主政治的推进和物质生活的日益富足，带来了人们对情感需求的增加。“人文关怀”成了媒体强化亲和力和感染力、提高收视率的不二之选。电视人挖掘“草根”阶层的情感故事，评说民生的喜怒哀乐……于是，私人的情感生活内容便在荧屏各种不同形态的节目里频繁地被消费着。一时间，百姓争相看好，业界一哄而上。只是想到好花不常开，好景不常在，世事不过如此，也就说不准到底是该刹住停手还是抓住跟上，真难说。

具体到情感栏目，像江苏卫视的《人间》、湖南卫视的《真情》、上海时尚生活频道的《心灵花园》等等，之所以如此火爆起来，关键在于它有意无意间切中了现代社会大众的心理契合点。我们看到在市场经济中，传统人伦笼罩下的温情面纱被撕下来了，人们的心理不适也就接踵而来，渴望慰藉、渴望安抚、渴望倾诉成了社会大众共同的心理需求。情感栏目便成了一个为社会大众提供开放内心情感、宣泄内心苦闷的平台。比之电影、电视剧乃至栏目剧，也许在情节、场景、音效等方面显得逊色很多，但它不靠演员演绎，胜在一个“真”字上。人物是真实的，故事是真实的，观众观之便有更多的情感投入，甚至一说起情感节目，不少人认为就是让人流泪的节目。可这眼泪一流，也就同时留下了思考：公共领域成了发布私人情感生活故事的平台，某些层面的观众看了，说不定原来以为平静、平息了的感情世界便会再次被搅动，这也可能会是节目当事人没有完全料到的。情感故事固然为观众提供了新视点，但情感矛盾是否得以化解，情感困惑是否得以消除，人生的价值、意义是否能在倾诉、倾听中得以升华，在真实故事的基础上是否为社会大众提供了举一反三的生活引导，使他们面对生活困境、情感危机能做出智慧的选择？这就涉及我们办节目的理念。

我们每一期情感节目具体追求的是人文关怀，但如何做到与社会责任感不相悖，媒体应有清醒的意识。在一片叫好声中我们也从另一个侧面看事物，情感栏目在“人文关怀”的背后，警醒着的应是：莫以煽情代真情。

以“平民”为支点的情感栏目在发展方向上，还有着探讨和研究的极大空间。

“实务”乃为“务实”

一本《电视编播实务》大模大样地出来了，蔚为大观。

它是把总编室原有的《监评在线》《信息与动态》《广东电视台播音员、主持人评议简报》，以及不时提供给领导做决策参考的“传媒观察”拢在一起，应了时下一句时髦的话语，叫“整合”。

整合后的《电视编播实务》内容驳杂丰富，有业界的前瞻与大手笔，也有过于“细小”“琐碎”的点评，却恰成异趣，我们的“实务”定位在“务实”，便使得在遴选稿件的时候，少了圈内莫名的顾忌，又自有一把内在的且将一以贯之的尺子。

传媒市场风云变幻，电视业的竞争如棋局局新。目前中国电视的竞争，从单个节目的竞争上升到以频道为基本单元的竞争，而电视频道的趋同化和内容的综合化，又有违频道专业化的初衷……凡此种种，无不让人思考与探索。

品牌栏目也好，品牌频道也好，始终离不开它的文化、价值与个性，即是我们应该如何阐释其文化内涵，如何去辨析其价值意义，又如何去张扬其个性特征，这就是《电视编播实务》特别关注的重要部分——“传媒观察”。至于“宣传精神”的提示与参考，“监评在线”的焦点评述、意见建议、有错必纠，“收视调查”的详细数据等，我以为均是一种少说空话多做实事的执着，比之业界学术刊物的大块文章，这不算什么，却不能没有，犹如“珠江无帆影，乃一大憾事也”。

它是实实在在的编播实务，既为业界保留一份广东电视台的编播史料，同时也在为打造有广东特色和中国气派的不断创新的电视模式默默地出一分力。

《电视编播实务》刊首语·2003年9月总第2期

亮南拳　走市场

国家广电总局近日出台2004年1月1日起施行的《广播电视广告播放管理暂行办法》以下简称《办法》，对央视、地市台无疑是利好消息，省台的“蛋糕”将被不同程度地瓜分。

省级广电系统在应对变化、寻求生存与发展上，相信很快一定会有新的举措。说不定《办法》的施行，真能起到意想不到的“良药苦口”之效。

因其会令业界的决策者们于频道栏目的设置、项目的确立、精品的打造上，更着重在频道营运的商业化上来考虑，促使“走市场”的思路更清晰、决策更科学、行为更务实……正所谓“逐利者想方设法逐利，守夜人想方设法堵漏”，人们在寻求矛盾的解决当中，会把社会的发展导向更良性，会使制度和措施的确立导向更完善……

当然，《办法》的实行是暂时的，也就说明还有待面对实践的检验。

但不管怎么说，它使人们再次强化了“走市场”这三个字，却是无须修正不必检验的事实。

广东电视珠江频道在继 9 月 15 日推出“新闻＋粤语经典剧集＋专题节目＋怀旧电影”的全新组合，令收视节节攀升之后，于 10 月中旬又推出《法庭直击》全新栏目。虽说“直击”不排除直播却不等同于直播，但在传递真实信息、跟踪事件最新进展上，若是做足了“法庭”与“直击”这四个字的功夫，是会带给观众极强的现场感和参与感的。假以时日，也许就成了岭南电视频道中的“单独门派”。

这也是我的由衷祝愿。

《电视编播实务》刊首语·2003 年 10 月总第 3 期

电视改革　效益为尺

日前，业界盛传央视明年适当时候会全面推出频道化管理，乍听起来有感觉但不震动。这十年八年，电视界的改革，多是经过从台到频道到中心，又陆续回到频道这种周折反复的历程。

值得关注的倒是央视的公司化运作已逐步付诸实施。“在原有的制播分离机制上将原先已经制播分离的单一的栏目整合到一起组建一个节目公司，按社会化大生产的要求对节目进行编排制作。”据悉，首批公司化运作的包括《同一首歌》《挑战主持人》及《走进幕后》等10档节（栏）目，每年要向央视缴纳一定的利润。电视改革的最直接动因是来自经济效益，由此可见一斑。从安徽卫视打造中国最大的电视剧“大卖场”、海南卫视向旅游专业台转型，到贵州卫视打出“西部牌”……无一例外均体现了与当地经济发展现状相对接而确立的市场观念。

社会主义市场经济要求相应的各项工作，都必须考虑投入和产出，并以投入产出的比例大小，作为衡量工作好坏的标准，电视行业也不能例外。

要在“投入”上精打细算，在“产出”上苦心经营，用获得的经济效益创造具有更好社会效益的电视节目，使具有良好社会效益的精神产品，尽可能占有大的市场份额，产生尽可能大的经济回报。我以为，这就是我们电视改革必须遵循的以效益作为衡量标准的投入产出规律。

单讲有社会效益、单讲有社会反响却不能带来划算的投入产出比例的电视节目，在今天，在市场经济体制下，是不足以奢谈效益的。

《电视编播实务》刊首语·2003 年 11 月总第 4 期

寄予超越的期待

日前，我国省级电视台普遍面临着生存空间压缩、频道定位缺失的困境，身处改革开放前沿的广东电视台感触尤甚。如何以提升广东卫视收视为龙头来全面提高广东电视台的综合竞争力成了近日广东电视人亟需面对的一大课题。本期《电视编播实务》中“传媒观察”板块围绕着省级卫视在新的生存环境下如何发展这一核心问题进行编选，根据观点分类收集整理了国内传媒界及理论界对省级电视台尤其是省级卫视发展战略的一些比较前沿的思索和探讨，以期为我台的发展决策提供参考并对本台节目进行反思。

业界普遍认为：省级卫视在全国的位置，关键不在于它覆盖了全国多少区域和人口，而是取决于它为全国的观众提供了多少有全国视野的有特色、有个性、有收看价值的节目和信息。这就是我们的频道打造所要思索的。

岁末年初，广东南方广播影视传媒集团即将挂牌。伴随而来的将会是酝酿中的全员聘用制的推行、分配制度的改革、制播分离的实施……在以电视台利益最大化为根本原则上，相信新年的春天里，会有许多新事物在生长。

作为一名电视人，我们寄予超越的期待。

《电视编播实务》刊首语·2003年12月总第5期

财富定位·广东卫视新机遇

新的一年，有新的关注。

广东电视卫星频道将在广东经济强省的背景下，凸显财富特色，打造中国财富频道的品牌。

这叫果敢抓机遇，大胆做事业。

“泛珠三角经济合作区”的构架，孕育着一种新的期待。这是一个创造财富的时代。作为记录广东社会变革进程的广东电视人，使命和职责所在，就是要催生促进向前发展的力量。

我们当以社会的眼光看财富，以财富的眼光看社会；以一种积极创新的心智，去反思财富观念，去提升文明状态。

新的一年，应是广东电视再上新台阶的一年，一系列的发展机遇有待我们去捕捉。

《电视编播实务》刊首语·2004年1月总第6期

超越庸常

我们渴望超越庸常。

我们在展望中清醒：中国社会由计划经济向市场经济转轨的过程中，关注经济生活的人群日渐增多，中国人的人均财富在不断增长，从事经济报道，已经有了一个广泛的观众层面；社会生活日渐经济化，为我们提供了丰富的报道内容。在经济强省的大背景下，我们有理由规划并占据这种适合自己的生存空间。

在媒体竞争与受众需求的双重压力下，我们何以凸显卫星频道的财富特色？整合节目资源，锁定目标受众，把竞争动态和自身优势相结合，把节目创优和观念创新相结合，在研究市场、研究观众、争夺阵地中，实现经济效益的最大化，夺取经济收益的最大值。

本期的《电视编播实务》，有意识地选编了一组各媒体有关经济报道的方方面面的文章，力求做到应时而动，为电视同人提供可操作性的借鉴，以期立足于市场竞争的大潮中去思考，把经营的理念和创新的意识贯穿到每一个细节。

脚踏实地，不懈努力。

《电视编播实务》刊首语·2004年2月总第7期

合力共谋

近悉，深圳电视台开通卫星频道工作已进入实操性筹备阶段；而一个专门面向歌迷及音乐人的“音乐频道”——央视 15 频道，也于 3 月 29 日正式面向全国播出。

可以这么说，在开放的格局下，在现代电视传输技术快速发展的今天，电视频道已不再是稀缺的资源，电视以频道为单位的扩张与竞争已成不争的事实。

卫星频道具有“窗口”的地位和作用，我们如何通过一批主打节目的亮相，使之与广东经济强省的称号相匹配？

本期编辑有针对性地选刊《东方卫视全观察》《江苏卫视改版构思》等四篇文章，文中细说东方卫视、江苏卫视改版的得失，虽为一家之言，读后仍有许多思索与联想。

广东卫视最具特色、最容易进行差异化竞争的首推什么？

我以为珠三角的财富积聚与人才吸纳、毗邻港澳的地缘优势与面向海外的各种先知先觉，由此而生发的生活观念与生活形态，自是独具特色。

以频道为单位的频道化操作，并不等于电视频道的专业化。

如何招招领先，有赖诸位的合力共谋。

《电视编播实务》刊首语·2004年3月总第8期

因人设事：“凤凰”神话新解

通读了文章，梳理了思路，悟凤凰卫视诸多可取之处。

于我感触最深的有两点：通过挑选或是制造明星来支撑栏目，利用名牌栏目来提升频道形象，此其一；其二是善于用最简单的办法去成就一流的节目。比如有什么人才就开办什么栏目，《锵锵三人行》《娱乐串串烧》假若不是窦文涛、梁冬主持，就不再是这个节目。这是实实在在地缘于“因人设事”，而不能把这种不可替换性简单解读为缘于凤凰提倡个性化节目。

凤凰卫视中文台副台长刘春曾说过，都说内地电视台学我们凤凰卫视，而我们往往是因陋就简办节目，却被捧为“独创”。

我以为这是大实话，关键是我们如何去解读。

随着我国民主政治的逐步推行，电视属性上的多元化特征逐步呈现出来，其经济属性、文化属性等种种功能日益凸显。如何顺应时势，加速文化与经济的互相融合与促进，当是提升广东电视综合实力和竞争力的又一命题。

在今天，没有文化的支撑，生产力不可能获得质的提升和大的发展。这也正是张德江书记提出的“发展文化经济”这一重大战略决策的时代特征之一。

《电视编播实务》刊首语·2004年4月总第9期

关键词：四人三百岁

近日，适逢广东卫视筹划改版进入冲刺阶段，张锦庆、殷登翼、何奇、戎明亮四位老广播电视人自发地聚到一块，畅聊“电视改革之我见”。

四位老人恰好三百岁，然其改革理念与视野所及的学术资讯，让人感到他们是何等的“生猛”。人早已离岗但心未离岗，他们对电视事业的这一份执着、这一份热爱、这一份投入，对在岗的我们永远是一种激励。

他们的见解，深浅与否已不重要，这一行动的意义，已远远超出议题的本身。本期《电视编播实务》特辟一角，展示他们袒露的心扉，同时也借以表达我们的由衷敬意。

广东卫视在历时半年的改版筹划过程中，成立了专门小组，参阅了大量资料，分析了诸多上星频道，召开了若干不同类型、对象、规模的咨询会、分析会、研讨会，特别是“广东卫视改版北京专家研讨会”，进一步坚定了我们走频道凸显财富特色的选择。

快了，6 月 28 日广东卫视将全新推出。届时，广东在经济发展中较为前卫的理念和消费时尚……将会在频道中得到充分的体现。

本期刊发多篇相关文章，向你细细道来。

《电视编播实务》刊首语·2004 年 5 月总第 10 期

守土尽责

当前社会已形成的市场经济，让百姓的知情权意识高涨。

如今信息传播渠道已无法屏蔽，对重大突发事件的处理，如何从有限制报道变为引导性报道，亟需提升到理论层面来研究，这是实实在在体现“三贴近”的一个时代新课题。假若信息“出口转内销”，媒体受到的伤害是深层次的伤害，其公信力将大打折扣。

过去新闻报道讲“接近性”，现在强调“贴近性”，虽一字之差，却消除了距离感，个中含义，深刻。“我们想说的”和“群众想听的”统一起来了，百姓的知情欲望满足了，这就很好地体现了贴近实际、贴近生活、贴近群众。

近期广东卫视把做好“三贴近”作为深化新闻改革的突破口，及时调整版面结构，推出大批新栏目《财富》《粤港澳零距离》《赢遍天下》《人在他乡》……贴近性显著增强，频道凸显财富定位，栏目富有时代特征。

我以为这就是以“三贴近”为动力，守土尽责、勇于创新的具体体现。

《电视编播实务》刊首语·2004 年 6 月总第 11 期

放飞思想　根植理性

今天,同事特地提醒我:《电视编播实务》从创刊到这一期,刚满一周岁。

时间过得真是飞快!一年倏然而过,只不过瞬间。

眼下我们的努力不仅仅是要一如既往,而且是要加快加倍的。

今日电视事业的改革如火如荼,我们南方传媒集团的产业要发展,事业要壮大,正着手搭建宣传事业板块和经营企业板块。事业发展的美好前景令我们无比振奋,为读者多奉献的使命感在我们心中更为炽烈。

一个办刊的理念就这样在我们编辑部每位编辑的心中闪烁着——

放飞思想,根植理性!我们相信明天,我们相信又一年。

新的视角、新的理念、新的发展战略,正引领着我们。

《电视编播实务》刊首语·2004年7月总第12期

牵手财富

近日,广东卫视在北京成功举办了“牵手财富——广东卫视巡回推介会”。

以立体、互动的表现形式,通过主持人与嘉宾加上精彩电视片断的播放,演绎出今日广东卫视一批风格新颖、特色鲜明的优秀栏目和节目，使人明了广东卫视在全国收视份额得以提升的缘由，让与会者收获到一份共享广东卫视财富大餐的喜悦，颇具创意。

其实电视节目、频道的推介，也是频道打造的一部分，犹如频道运营，充满着挑战性和探索性，既没有成熟的经验可供学习，也没现成的模式可供借鉴，唯有以宽广的眼界来观察，从战略思维的高度来谋划。

目前我国电视界的收入结构和盈利模式单一，在自给自足的节目生产方式占据主导的状态下，必然导致节目成本与日俱增甚至频道亏损。

何去何从?

南京广电集团选择文体、生活、股市信息三个亏损电视频道分别组建公司，按照效率优先，成本第一的原则，对频道的节目采购、节目生产、广告销售、品牌塑造等业务进行公开公平的招标。

随之而来，频道成本得以控制，频道收入大幅提升……频道更有社会竞争力，员工收入也更具激励性。

当然，这仅仅是频道企业化改革的探索与实践的一个例子而已。但它让我们思考：事业产业如何分开管理，又如何分别运营。

想想咱们台，心中涌动着改革的激情。

《电视编播实务》刊首语·2004年8月总第13期

传媒产业化试水

南方广播影视传媒集团正着手组建企业化运作的控股公司。集团控股公司可以在更高的层面上，通过资本经营，使产权结构单一的传媒业实现产权结构的多元化，将已高度市场化的其他行业的管理经验和营销模式带入传媒业，从而增强体制运转的科学性和灵活性，促成所有权和经营权的分离。

目前我台即将正式开播的移动频道和正在筹建中的数字付费频道，走的就是这么一条路。所有者与经营者之间通过对责、权、利的明确界定，形成相互制约又相互激励的机制。这样一来，多元经营主体对经营业绩的关注，本身就令经营管理者对责任感不断强化，希望由此能赢得好的市场回报。

中共中央政治局常委李长春在今年6月13日视察无锡广播电视集团时指出：以频道为单位实施体制转换和机制创新有利有弊，但市（地）一级可以探索试验。我们从中可以读出国家高层领导面对实际的一种真诚，也可以感悟到开拓创新的不易。

当然，广播电视事业的发展需要开拓者的勇气。时统宇曾撰文指出，这种勇气包括政治勇气、理论勇气和实践勇气。

《电视编播实务》刊首语·2004年9月总第14期

改革时代的真义

过去，媒体要使出浑身解数吸引读者、观众的眼球；今天，人们把阅读率和收视率解读为“注意力资源”，广告客户注重的就是媒体的这种资源。

过去，电视台的成本概念多是放在物质、资金耗费总量的有效控制上；今天，人们追求的已不是成本的绝对值下降，而是成本在总收入中的比例下降。

过去，新闻追求的是独家性；今天，资讯时代资源共享，追求的是解读性。

过去，电视的改革创新多是源于电视台本身的动力；今天，电视的改革创新多是来自社会各阶层的压力，包括我们的广告商。

…………

电视人只有具备了大视野，才会有前瞻性和拓展性，才会有可能赢得市场和未来。

本期的《电视编播实务》有数篇涉及探讨电视栏目的文章，不管是针对江苏的《南京零距离》，还是针对杭州的《阿六头说新闻》，抑或是上海的《相约星期六》、重庆的《雾都夜话》……虽然电视栏目内容形式各不相同，但这些文章都展示了电视栏目发展的新形态。读后让人心潮澎湃，体验着改革时代的真义。

《电视编播实务》刊首语·2004年10月总第15期

勇立潮头唱大风

一部《勇立潮头唱大风》的台庆专题片，演绎了广东电视台建台 45 年来波澜起伏的壮丽历程。

一句“勇立潮头唱大风”，诠释了广东电视台今日之雄姿。

一场逾千人的台庆大会，强化了全体广东电视人的凝聚力。

台庆书画展、台庆摄影展、台庆优秀电视作品展播……直至天河体育中心的台庆直播晚会，一系列的台庆活动，让我们深深地感受到作为广东电视人的那一份无悔，那一份自豪。

本期《电视编播实务》借浓浓的台庆氛围，特辟“台庆专辑——我是广东电视人”，刊载的作品不乏精彩之处。尤其是广东电视台原副台长张木桂的文章，道出我台电视剧发展近二十年的坎坷经历和个中甘苦，读后令人激奋。

南方是个多梦的地方，电视事业面临着难得的发展机遇。

在传承先进文化，推进广电事业的历史进程中，让我们的激情飞扬在这有梦的地方，交给属于燃烧的岁月。

立足新起点，创出新辉煌。

《电视编播实务》刊首语·2004年11月总第16期

说品牌

品牌是成功媒体的标识。

从过去的电视争创栏目品牌，到今天的电视争创频道品牌，这是一个历史的必然。电视业的整体改革，都是在紧紧围绕电视频道建设来思考、实施的。

电视走频道化管理之路，广东正在推进，前头已有若干省级台、城市台做出了选择。因为各自在政策环境、资源环境上的差异性，使得在人才整合、资源整合、架构整合以及节目营销等等方面不尽相同，没有可以相互克隆的模式，唯有结合自身实际去探索。而从人家的实践效果来看，有一些问题值得我们的实践者和决策者去思考。

我台的频道化管理与改革工作正在逐步地探索开展。

是否会出现“分灶吃饭”的现象？是否一个部门成建制地扩大成一个频道？……这都是许多同事经常提起的话题。

各位业界同人何妨做做有心人，看看本期相关的文章，请您也出来献一策。

《电视编播实务》刊首语·2004年12月总第17期

为新年欢呼

又是一年春草绿，百花开。

人世间多了许多期待、许多精彩、许多开怀……

广东电视台进入全面“发展年”，珠江频道将在这个春天，全新改版，推出强档节目，强化“民生新闻”……

当前广东电视事业的发展正处于“战略机遇期”与“矛盾凸显期”并存的关键时期，探索和完善新形势下新闻媒体宏观管理体制和微观运行机制，正合时宜。

顺应时代潮流和事业发展的大趋势，广电业新价值的涌现、新秩序的建立自是必然的。

让我们手拉起手，为新一年欢呼，共同营造和谐的广电氛围，一起在新年里为广电业增添浓重的一笔。

《电视编播实务》刊首语·2005 年 1 月总第 18 期

主持人

当今是一个崇尚个性的时代。

电视频道的分众化，栏目节目的差异化，带来的是对电视节目主持人个性化的强化。

电视节目是通过内容和形式的文化品味，来实现其价值导向和审美取向的。无论是愉悦大众的娱乐节目，还是贴近百姓的民生新闻，其大众、娱乐、百姓、民生……诠释的绝不等于文化的缺失，相反，更加考人。正所谓大雅大俗，大俗大雅。其间，主持人选择叙述的角度和方式是否得当，起着至关重要的作用。所以业界有人强调：个性化、分众化的主持人应在自己的内功上多下功夫，不光用嘴巴主持，更要学会用“头脑”主持。

主持人的个人风格是否与栏目的特点相吻合，即作为自然人的主持人的个性和栏目节目对主持人的要求是否相融洽，是电视栏目节目成功的又一关键，可以解读为和谐问题。主持人凸显的个性特征会深刻地影响其主持的栏目节目，而没有合适的栏目节目，再优秀的主持人也无法彰显自己的个性。

本期《电视编播实务》的“业者论坛”，有数篇评说主持人业务素质的文章，涉及新闻、综艺、谈话等多个类别，见仁见智，值得一读。

《电视编播实务》刊首语·2005 年 2 月总第 19 期

收视率与广告创收

有资料显示：CNN 的收视率对广告价格起绝对的决定作用；央视全年的电视广告收入占其总收入的 93%，电视媒体广告收入与收视率呈正向互动……

从媒体经济的角度说，必须千方百计提升收视率。因此要有效地避免同质化现象，学会错位竞争，寻求市场空档，培植频道品牌。包括内容定位，节目、频道包装，节目衍生物和各类相关活动，都要提升到培植品牌的高度来审视。没有品牌或品牌太少，频道就难以在竞争中脱颖而出，从而收视的提升、市场份额的做大便无从谈起。所以要把市场份额做大，必须先把频道做强。

如开篇所述，收视率是决定广告投放的重要筹码。而在现实的电视市场中，往往不只是这个道理。《汉武大帝》在广告市场赢得高达 1.2 亿元的投放，而观众市场实际平均收视率却只有 5.4%，最高也仅 7%（《雍正王朝》超过 20%）；相反，央视一个《鉴宝》，收视率直逼经济频道数一数二的节目，可广告就是卖不动。正所谓“世事无绝对”。当然，这是特例。虽为特例，但仍是电视媒体管理者面对收视率分析时需要思考的另一面。

《电视编播实务》刊首语·2005 年 3 月总第 20 期

编排竞争

电视节目编排、版面编排，可以反映一种战略思考。

在教科书上，在相关的研究文章里，涉及频道之争的版面编排手法中，强调了电视栏目、电视剧有不同的生命周期，在不同的阶段要选择不同的策略，诸如用“吊床”策略或是“搭帐篷”策略，用“带状”策略或是“棋盘”策略……

理论归理论，实际工作中仅限于平衡面上的事情就很复杂，手法、策略得随机应变。不管采用何种手法策略，关键是要在做好“研究对手、研究市场、研究观众”的前提下来抉择。

成功的频道编排，必定是来源于以频道为立足点与竞争对手做一番整体上的比较；来源于对电视市场需求的准确判断；来源于频道及时应对变化的整体运作能力，即“快速反应机制”。

阅读本期的相关文章，有助于我们对频道间充满竞争的理解。

《电视编播实务》刊首语·2005年4月总第21期

长假节目编排

长假制度引发出“假日经济”，催生了“假日文化”，同时也助长了假日电视编排的新模式。

有人曾这样表述：“电视节目编排既是一门综合艺术，也是一门时间分割艺术。”确实，节目栏目的无序组合，即便是精品，也会是一种相互间的干扰。在以频道为竞争主体的今日，只有在频道整体效益最大化的意识下来强调各节目栏目间不同的目标取向，才能求得频道结构的优化和资源配置的合理。

目前，不少电视台各节目栏目归属部门管辖，使得节目编排容易陷入部门利益的平衡之争……

长假电视节目编排，打破旧有的管理模式和平日的节目格局，强调“频道为主、编排先行”的方针，强化了频道制下频道与节目栏目的关系，赢得的不仅仅是市场份额，同时也引发了人们对新机制的探索。

一年有三个长假期，再加上寒暑假，是该有所作为的。

《电视编播实务》刊首语·2005年5月总第22期

经济频道的生存王道

中国经济的高速持续发展，物质产品的极大丰富，促使市场越做越大。各种财经周刊、日报，以及电视台的财经频道或曰经济频道应运而生，竞争激烈成败参半。

业界、学界便开始反思：是否电视经济频道应该弱化专业性的财经报道而强化泛社会化的财经信息……在社会日益多元化，受众不断分众化的今天，人们对精神愉悦的追求，对个性化服务的期望与日俱增，经济频道如何拓展目标受众群，更好地占有市场，的确值得深思。

于是有了本期刊载的《财经节目的困境》《财经节目的思考》《大众化与专业化》……

其实我们何妨看看几个活生生的例子：其一，上海第一财经，以专业财经频道的身份开播，在日播的19个小时中有12个小时直播，内容涵盖商贸、金融、证券、投资等多个领域，开播以来，业绩不斐；其二，湖南经济电视台，虽挂经济名，但业界有云：中国娱乐在湖南，湖南娱乐在经视。打着专业经济频道的幌子，卖点却在娱乐，也无妨其成为中国经济频道的品牌先锋。至于央视经济频道，是以经济报道为核心，以娱乐服务为两翼，从来就没纯粹专业化过。

同是经济频道，专业化也好，非专业化也好，不一样的卖点，一样的成功！

归根到底，在以频道为单元的策划时代，寻找一种全新的方式进行差异化生存，便能胜人一筹。

道理很简单，却要付出很多代价。

《电视编播实务》刊首语·2005年6月总第23期

市场博弈　快招取胜

无限的商机激发出不少人的冲力，去快速捕捉机遇，从而成就企业的发展与产业的壮大……于是，“快鱼吃慢鱼”取替“大鱼吃小鱼”而成了时下一句口头禅并点醒人们：往往成功仅仅意味着比别人领先一步。

电视媒体如何快招取胜？关键着力点在哪？

在电视产业经营观念被确定的今天，电视份额竞争的时代也随之来临，管理方式上的创新便被放到前所未有的重视程度。目前央视对频道实行收视份额和创收指标两个方面的量化考核目标管理，实际上就是针对争夺电视的两个市场而言：其一，电视台是卖方，把节目卖给观众（买方）。这里说的就是收视份额。其二，电视台是卖方，把观众卖给广告商（买方）。这里指的则是创收指标。

面对战略机遇期，央视推出的这一举措，可以说是快速应对，找到了与时俱进的关键处，比之“末位淘汰制”已是有着质的区别和提升。

商机无限，创新取胜，速度取胜……

《电视编播实务》刊首语·2005年7月总第24期

数字电视付费化

8 月 28 日，广东的高尔夫频道开始试播。

广东数字付费电视频道的诞生，标志着个性化视觉享受时代的到来。

这既是广东电视台在电视媒介竞争的大格局中进行战略思考和框架计划的必然结果，也是百姓对生活文化娱乐内容需求的原动力使然。

数字电视付费化，揭示的是市场总体发展的大趋势。国家允许社会资本参与频道建设，为中国电视媒体探索市场化的新模式提供了机遇。我们将在体制与机制、业务与经营等方面构建开放与合作的平台，合作与共赢便是我们的理念。

专业化是数字付费电视的必然方向。但由于它需要一个发达的内容市场做支撑，目前付费电视内容市场基础的薄弱，决定了它将经历一个培育期；

而付费看电视，又决定了人们对付费电视内容的期待值更高……然而这一切并不妨碍我们去探索适合本地数字电视产业发展的市场运营模式。

一群年轻人秉承着电视人的实干精神，着力于频道内容的创意与拓展……我们敢说：数字付费电视很快会红火起来！

《电视编播实务》刊首语·2005年8月总第25期

频道制

10 月 8 日，南方传媒集团历史性地迈出了实施频道制的关键一步：集团属下多个频道实行总监负责制并产生了正、副总监人选。

频道制的推行，是广电系统改革的重大举措，是顺应媒介市场竞争的产物，是社会进步的必然。

频道制，有利于体制创新，它强调了频道大编辑部的功能设置与运作；频道制，有利于广告经营和产业开发，它便于把频道的所有时间作为整体来规划和安排；频道制，明确了频道作为责任的主体，频道要面向市场，占领市场，就必然要按市场也就是观众需求来配置资源，以提升频道的整体实力与经营指标。

目前，中国电视界因政策环境、资源环境等诸多方面的因素，各频道须选择更有利于锻造自身发展的现代电视管理模式，以避免多个频道共存资源不能有效共享、相互内耗、无序竞争的种种弊端。

顺应市场潮流，锻造品牌频道。

《电视编播实务》刊首语·2005 年 9 月总第 26 期

频道品牌化

做频道比做节目重要。

在频道逐渐成为运营主体的今天，我们已无法满足于做出一个好节目，而是要经营出一个好频道。栏目品牌得让位于频道品牌了。年初，中央电视台就提出了“频道品牌化”的新战略。

频道品牌所带来的附加值是其他广告创收手段难以比拟的。

如何创造频道品牌呢？

“频道推广”和“整合营销”是思索中常常闪出的两个关键词。

在电视媒体内部调整改革、外部营销造势两者尽显张力之时，频道品牌的打造，是要在历经市场考验中不断地调整定位的，因为电视收视市场竞争的升级，让我们明晰了现代营销的观念是以消费者为主导的。频道如何吸引广告客户的关注，是频道推广中的一个重要课题；如何把垄断资源最大化开发利用，则是频道广告营销的一个重要思路。

本期《电视编播实务》选刊的几篇相关文章，无不传达着电视台（频道）要以活动带动市场销售，要从单一的广告服务向多元化的整合营销转变这样一种观念和思路，是得好好地琢磨琢磨。

《电视编播实务》刊首语·2005年10月总第27期

活动营销

学界、业界均有人认为，中国今日的电视媒体已进入活动营销的时代。

我们虽不一定完全认同，但已确实感知到电视媒体竞争的加剧和各种变数的增多。

活动营销正是在这样的前提下应时而生的。

活动营销作为整合传播的一种表现形式，多数就某一社会热点事件，媒体利用独有的资源来聚集与强化人们的关注度，并寻找与此热点相契合的企业作为合作者开展活动，这样既能引起企业产品目标消费群的积极参与，客观上又扩大了传播面。

这种有效提升频道品质且促进企业品牌推广的做法，已渐被媒体重视和被企业所接受。

当然，一次成功的活动营销是一种社会行为、公众行为，新闻的同步策划是不能被忽略的，更何况事件本身就是社会热点，搞得好，便是一种喜悦的共享。

《电视编播实务》刊首语·2005 年 11 月总第 28 期

相信品牌的力量

岁末盘点，2005 年有太多的精彩与无奈。电视人一直在理想与现实之间奔走，飞扬着激情也折射出辛酸，当然还有着许多的期待。

据有关统计，至 2005 年 1 月，全国卫星频道已增至 55 个，地面频道更是多不胜数，还有数字电视付费频道的加盟。太多的频道资源和严酷的竞争现实，使得大多数频道固守一方，可守的资源就是新闻，可用的策略就是本土化。

这一年，各地的民生新闻火爆，加上一个《超级女声》，可谓热热闹闹。

岁末，央视提出的口号是“相信品牌的力量”。也许是共识，这一年众多媒体也纷纷谋求创造有差异性的电视品牌。

遗憾的是，许多频道所提出的品牌定位却与频道内容相去甚远，仅有湖南卫视与安徽卫视能够形成认知，多数电视频道则演化为“剧场化”的改版。品牌虽然上不来，获益还是可以的。

因此，竞争的方式便更多地表现在加大对独家资源的掌控，通过独播提升人气。如央视不再将优秀剧集的二轮播放权卖给地方台；在资源争夺不断升级中，安徽卫视为夺下《血色浪漫》，价格被炒到一集 14 万元；浙江卫视则以每集 85 万元总价 3400 万元争得即将开拍的《雪山飞狐》首家播映权，开创了将首播权卖给上星台的先例……

不管现实如何，人们仍坚信，来年能领先的电视媒体，一定会是通过加大节目的创新来改变对独播剧依赖的媒体，一定会是那些以品牌经营为核心的媒体。

《电视编播实务》刊首语·2005 年 12 月总第 29 期

向自主创新转变

在忙碌与繁乱中，新春悄然到来。过完了农历年，南方大地便已充溢着春的生机、春的气息。在这个春天里，电视人在期待、眺望什么？

高的收视率、高的市场份额、高的投入产出比……

在频道资源众多，同质化现象严重的今日，电视节目形态必然不断创新方能博取高的回报，这是不言自明的。境外节目本土化已经成为近几年节目形态创新最突出的方式之一，业界克隆成风。当然，这仅仅是电视发展的一个过程！如何从跟踪模仿向自主创新转变，特别是加强原始性的创新，这是一个需要迫切回答的命题。

在这个春意盎然的春天里，我们有信心在进一步发展创新文化，弘扬创新精神，推进创新型广东的战略中，添上广东电视人重重的一笔，在岁月的年轮里，收获电视人事业成功的满足感。

…………

创新，对人才提出更高的要求；

创新，需要和谐一心的团队，平和练达的人脉；

创新，需要一股“不自量力”，敢为天下先的勇气。

《电视编播实务》刊首语·2006年1月总第30期

个性 + 精英意识：谈话节目的制胜法宝

阅读本期文章，可以了解谈话节目的历史与现状。

多姿多彩的电视谈话节目，在分众化的今天，确也可把“脱口秀”分离出来。脱口秀可以是一个人但谈话节目须两个人以上；脱口秀更多的是娱乐大众而谈话节目旨在表达观念与思想；脱口秀要有幽默风趣的语言魅力，而谈话节目更强调通过交锋来制造兴奋点……

分也对不分也对，从研究的角度可以分，从实践角度却未必，关键是为了什么。

笔者以为，种类繁多的谈话节目，不管分属哪类，主持人若缺少自身个性风格形成的闪光点，看着便乏味。正是在这个意义上提醒业界：栏目不是随便开的，有什么人办什么栏目。此其一。

其二，办谈话节目要有“精英意识”。社会各界、多层面的精英人士进入谈话节目，高端、权威的声音会影响着受众；社会重大新闻与现象成为话题，相关专家会为受众“破题解惑”；“给大众以话语权”让谈话节目搭建起精英人士与百姓互动的平台，主持人的应对往往也潜在地表达了主流人群对问题的看法与判断……

《电视编播实务》刊首语·2006年2月总第31期

公共新闻

“公共新闻”概念在我国学界的提出和业界的践行，大致始于 2004 年，在提倡创新的时代呼声里，它应时而生。

从学理上说，作为电视传媒的新闻从业人员，身处变革的时代，深刻洞察中国社会从一元到多元的转型中，多元的利益格局随之形成，各方利益主体和多元力量会随时碰撞，新闻的发现、改革和跟进，实属不简单。

从社会层面看，从“时政新闻”“调查新闻”发展到“民生新闻”，再到“公共新闻”概念的提出，反映了社会发展进程中不同历史阶段的时代烙印。

“时政新闻”“调查新闻”虽有差异却同属对国家话语的信息传递式新闻；“民生新闻”因其体察民情，对弱势群体给予关注，代表了对百姓话语的信息传递式新闻；而“公共新闻”针对多元利益格局和日益多元化的社会诉求，强调对信息相关性和公共性的关注，这对促进民主进程有着积极的意义，也契合了在构建和谐社会过程中社会各界各阶层对新闻媒体的期盼。

而在实际操作中，目前的“民生新闻”虽说收视“火爆”但还不尽如人意。内容多为家长里短柴米油盐，流于市井化和娱乐化。

这固然没有不是，却不能以为就是“民生新闻”的全部。

单就“民生新闻”本身还有许多应该拓展和完善的空间……

“公共新闻”的出现确实意义非同寻常，但尚属起步阶段，值得探讨，有待探讨……

《电视编播实务》刊首语·2006年3月总第32期

1000！而今迈步从头越

《外来媳妇本地郎》剧集历经 6 年，成功播出 1000 集，收视独占鳌头，有力、有效地抗衡 TVB 剧集，可以说是一个品牌在市场上获得了成功。

在 1000 集的研讨会上，我的同事冯令沂说得好："谈过去比较容易，而关键是接下来如何做。"

产业链的建构、附加值的最大化、作为长命剧的打造……我们的事业要在计划和变化中不断延伸。但再好的规划也只是一个打算。生活往往会跟你开玩笑，不觉中却走到既定方向的反面，所以必须得有足够的应变能力对付各种突如其来的情况。毕竟，目前媒介的竞争都是无情甚至是残酷的。

《外》剧过去做得不错！但今日以至将来我们要做得更好更完善。

所以在娱乐营销时代，我们得在保护并用足已有的优质资源的前提下，在加大策划活动营销的力度上下功夫。如选择与《外》剧平民化定位追求相近的报刊和网站，通过活动达到各媒体的联动，从而产生亮点激活品牌；又比方我们的稿件是否可以在网上征集或让网友先批一通并从中筛选，也聚一聚人气……同时我们要看到：企业非常关注节目的形态，是否可以和产品的营销深度融合……

只有在知己知彼中调整自我靠近市场，才能凸显“产业化”，才能达到“己欲立而立人，己欲达而达人”这样一种双向共赢的局面。

品牌得以维护和提升之后，产业链的构想，方能水到渠成……

《电视编播实务》刊首语·2006年4月总第33期

执行力：媒体竞争力之核心

制定战略目标是“做正确的事”，执行是“把事情做正确”。

在日益国际化的市场竞争中，执行力是媒体竞争力的保证。

在越来越同质化的趋势下，媒体竞争，最终是执行力的竞争。

强有力的执行力，来自完善的系统，正所谓：“三流企业靠老板，二流企业靠团队，一流企业靠系统。”

目标管理是提高系统执行力的有效办法……而在各个层面上的领军人，又是决定执行力强弱的关键。一个好的领军人，总能在纷繁复杂的一团乱麻中，找到最关键的那个结，同时能够针对具体环境巧妙设计解决问题的细节，这就体现着一个执行力强的领军人处理问题的原创性和想象力，是执行中最稀缺、最宝贵的东西。

…………

通读本期“业者论坛”，剥离出以上只言片语，也算是笔者对“执行力”的解读。

《电视编播实务》刊首语·2006年5月总第34期

创新理念，提升暑假收视份额

特别的时间有特别的观众，特别的观众有特别的需求。暑假的特别观众主要是青少年学生。如何创新暑假编排理念，刷新收视市场份额，是频道开展整体营销的一个具体体现。

去年，重庆电视台在6月18日至8月30日，把都市频道变成“暑假频道”……并设计专用频道Logo标识，固定显示于该频道右上角，一时人气积攒，成绩骄人；而央视更以1、2、3、6、10、新闻和少儿等七个频道的节目参与暑假特别编排，整合全台节目资源，各频道节目错落搭配，避免相互分流观众，结果提升了收视份额，也赢得了不凡的广告业绩。

不同的例子操作上不尽相同，但达到频道全时段打通，大板块播出的效果是大致相同的。有心人也许能从此中悟出电视整体营销的新思路来。

了解观众的需求并主动采取措施满足其需求，已成为改进电视传播方式的目标和动力之一，也是由“媒介本位”向“受众本位”转变的关键。

《电视编播实务》刊首语·2006年6月总第35期

数字新媒体，是拐点更是契机

眼下“数字新媒体”的提法俯拾皆是，这里选取简约的释义以助理解：同样的节目，走广电网的就是数字电视；走电信网络的就叫 IPTV，IPTV 可以回看三天以内播过的节目，还可互动；放在电脑上操作，就叫网络宽频电视，它可以不受地域限制，成为面向全球的内容提供商、发行商和服务商，面向中国超过 1 亿人的互联网用户……

数字新媒体的说法 2003 年才初现中国市场，2004 年以来，源于技术、政策、市场等多重力量的催生，使其快速崛起。从概念到产业链的构建时间虽短，却创造了许多新的商业模式。但其内容与传统电视同质化程度较高，搞不好就会有如“早期广播老读报纸，早期电视老放电影”一样，它需要传统媒体的经验和资源；而传统媒体须在技术、内容以及商业模式上积极进取，经营者的观念、思路、手段需进一步更新，比方要从为播出而制作转变到为市场而制作……

于是我认同了一种观点：新旧媒体竞争的拐点，就是融合的契机。

《电视编播实务》刊首语·2006年7月总第36期

系统升级：湖南卫视胜出的真诀

山到成名毕竟高。

湖南卫视年逾 6 亿元的广告创收与在全国省级卫视领军地位的取得，自有其过人之处。既不是偶然得来的，也不是简单的所谓由“地域文化”决定的，而是赢在频道品牌建设的方方面面、点点滴滴的元素能构成一个系统。

——节目研发采取部门研发与个体研发相结合。台里有样片制作基金。样片通过，制作人（创意人）将得到奖励；未能通过，则由财务部门从制作人的奖金中扣除一定比例的样片经费。

——新栏目通过了，新栏目的制片人可以是创意人也可以不是创意人。

——为了防止制片人与制片“合谋”，财务部门对其派驻各栏目的制片定期轮岗，内部所有预算公开，而栏目制片人只拿年薪。

——取消栏目办的活动，要求活动必须提升为频道活动。只有全频道的配合才能办出影响，否则不办。

——全台员工每年强制性淘汰10%，竞争上岗一次。

…………

目前，电视台普遍存在各部门都有一套与自身状况相对应的管理制度，但由于缺乏系统管理制度的配套和衔接而大打折扣。

他山之石，可以攻玉。

《电视编播实务》刊首语·2006年8月总第37期

合纵连横：民生新闻与栏目剧

目前，大家都在提自主创新与寻找差异化竞争，但各电视频道市场份额的抢占主要还是靠电视剧，难怪近两年央视都加大了电视剧的播出量——每天 47 集，连原先不播电视剧的三、四套也开辟了电视剧场。

作为省级地面频道面临的是上星频道和城市频道的双重夹击。除了靠电视剧，无一不是利用地缘贴近性优势，使新闻节目赢得本土观众，特别是民生新闻在竞争中大放异彩，如江苏的《南京零距离》、山东的《每日新闻》、广东的《今日关注》……

在民生新闻火爆后，借“民生”二字开疆拓土，与“民生”高度相关性的本土化栏目剧得以不断升温：重庆台的《雾都夜话》、湖南经视的《故事会》、浙江台的《本塘第一剧》……

由于省级地面频道之间不存在收视竞争，又有了合纵联横，出现了省级地面频道跨省际的合作。由江苏、安徽、福建、浙江首先挑头的“全垒打”民生新闻栏目广告联合体的出现，标志着地面频道开始了跨区域经营的联合；由浙江牵手重庆、湖南、湖北、山东、陕西五家电视台，成立了栏目剧合作体，尝试着联办节目，实现节目资源的共享。

以上种种省级地面频道的现象，使得电视人在“本土化”和“贴近性”上，对区域经济时代的媒介形式，又生发出许多感悟和思索。

《电视编播实务》刊首语·2006年9月总第38期

说说时兴的栏目剧

11 月 13 日，广东电视台珠江频道将推出栏目剧《夜倾情》。

何谓栏目剧？尽管说法不尽相同，但它以栏目形式出现，不以集来计算，具有统一的栏目头、主持人及演员演绎故事的电视节目形态已是不争的。

栏目剧的创新点在于它的平民性、现实性。一档栏目剧把普通人变成故事的主角，就像博客把普通人变成记者一样；而新近发生的新闻事件或人物成为了故事的原型。

栏目剧备受业界、学界的关注，在于它的高收视率，而它的高收视源于市井市民的关注。看栏目剧犹如看 DV 录像一样，画面可能不漂亮，却是真实的。那种生涩和原汁原味的粗糙，也许恰恰就是栏目剧真实性的主要魅力所在。

栏目剧的特征在于它的情感叩问、本土题材、本土演员、使用方言、即时演绎……

说起栏目剧的出现、勃兴是有一段历史的，其间民生新闻的火爆起到推动和催化的作用是不可否认的。

经历了几年辉煌的民生新闻要提升自我，就得戒掉浮浅、低俗、无聊的东西，这也正是如今遍地开花的栏目剧所共同回避不了的命题。

《电视编播实务》刊首语·2006 年 10 月总第 39 期

播出季，重要的不只是概念

美国电视的“播出季”即按季播出，我的理解就是把一年分成两个季：每年9月至次年4月为收视旺季；每年的5月至8月为收视淡季。至于有了淡季做节目收视的“空白期”，既避免收视疲劳又赢得新一季节目筹划的时间，那都是后来的补充说法。说到底，这种“播出季”节目编排方式的出现，是“上帝”的需求使然，观众就是“上帝”。夏天，自然是外出旅行、夜间活动多、看电视少的季节；冬日，夜长日短低温寒冷，自然是待在家里看电视的多。有了这种需求，也就有了播出季的思路和实践，一切都是那么自然而然。我们不是也有暑假编排策略、黄金周的版面概念……

目前中国的电视竞争几近残酷，需要的不能只是玩概念！“播出季”概念的引进，但愿能启示业界用以人为本的理念来推动电视媒体回归受众的需求，即不以传播者为中心，而以受众为中心；激励电视人在品牌建设上的创新意识；不断深化大家对市场、受众的认知。

用结构性的播出战略来打造核心竞争力，当然是电视运作到一定阶段后的必然现象。早已倡导的“差异化编排”五个字已说清了其中的真义。

电视节目的竞争说到底还是节目的竞争，我们应调动大智慧去追求创新。

《电视编播实务》刊首语·2006年11月总第40期

2006：责任铸就我们的辉煌

转眼又是年关，时钟已被不可阻挡地拨向2007年。每逢辞旧迎新的时刻，总要稍稍盘点一下一年以来的收获和经历，梳理来年的好心情。

这一年，媒体依然朝着多元化、互动化、市场化的方向发展，可以说是新媒体勃兴、传统媒体奋进的一年。对广东电视台来说，那是责任铸就辉煌的一年。

2006年，广东电视台全面实施台党委领导下的频道管理制，顺应了媒介市场的潮流。

2006年，世界品牌实验室公布，广东电视台品牌价值37.5亿元，位居中国电视行业第五名。

2006年，广东电视台系列短剧《外来媳妇本地郎》播出突破千集大关，创下国内同类节目之最。

2006 年，广东电视台占据全省市场份额近四成，名列省内所有电视台之冠。

2006 年，广东电视台推出粤语栏目剧《夜倾情》，着意增强核心竞争力。

…………

回望这一年，我们经历过的何止这一桩桩一件件。部门的调整，人事的更迭，历练了人的性情；而这来来去去的改革变化，也修饰了人的品性。我们欢笑过、企盼过、冲动过、幸福过……而这一切，都留在了 2006 年。在这新旧交替之时，我们由衷地感激生活的恩赐。

追溯上一年，谁也没有料到，2006 年取代《超级女声》的，竟然是看似最严肃的《百家讲坛》。这个例子导引我们放眼未来，去追寻一个更富足的 2007 年。

《电视编播实务》刊首语 · 2006 年 12 月总第 41 期

浅议收视率

电视频道的不断增多和新媒体的相继涌现，使得市场份额之争愈演愈烈。即便我们拿出浑身解数来打造“为王”的内容，收视率的提升也只是相对的，而多数的下跌才是绝对的。由此，数年来一直作为节目栏目衡量标杆的收视率便受到了责问和拷打。近期央视相继提出“品牌化”战略和“绿色收视率”的概念，应该说是对“责问与拷打”的很好回应，在一定程度上拓宽了收视率的传统定义。而现时百姓对电视节目的好恶与追捧，首推电视剧，这是无须任何顾问公司把脉都能明了的现状，因此才有了：

——从卖收视率转向销售品牌影响力；

——广告创收对电视剧的依赖越来越大；

——许多改版都以扩充电视剧的播放量为切入点。

不难看出，电视剧播放比重的不断增加是中国电视媒体从生产导向过渡到观众导向、创收导向的重要标志。然而，电视剧播放的扩张，又是对自办节目栏目生存空间的挤压。

从长远来说，以外购为主的电视剧，难保收视水准处于稳定的水平；而节目栏目的自主创新，才是频道的标识，才是频道的灵魂。

在竞争中产生的一切没有对错，关键是对度的把握。业界学者对此已有诸多论述。细心阅读，可感受到蕴藏其中的智慧与思考。

《电视编播实务》刊首语·2007年3月总第44期

快乐·童年时光

暑假到了，孩子们可以开心地掌握电视遥控器了。作为影视工作者，怎样为孩子们提供暑假的精神盛宴，伴随他们度过一个快乐的假期呢？

想象是儿童的天性，做梦是儿童的权利，快乐是童年的时光。

资料表明：家长们非常喜欢看到孩子在看片时发笑！让孩子们快乐便是我们的追求。始于17世纪的儿童文艺应以严肃说教为主还是游戏快乐为主之争，历经几百年后，已经不言而明了。能够传下来的经典之作，就是充满活力快乐之作，可以说，“快乐”是永恒的主题。

从大的范畴来讲，对于生理、心理从不成熟逐渐走向成熟的青少年，他们渴望实现自身价值与成功，希望得到他人的肯定与认同……从细化的角度看，孩子可划分为幼儿期、学龄前期和学龄期。不同时期孩子的认知力和心理需求则各不相同。针对种种差异，结合目前我国少儿频道专业化程度不高，栏目综合化与模式化的问题突出，“动漫＋娱乐益智专题＋影视剧”的形式已成同质竞争之势的实际，如何细分受众需求，打造、选播合适作品，就是眼下需要我们细细思考的。而强化精品栏目建设，则是逐步形成少儿节目、频道品牌及产业链的关键。

《电视编播实务》刊首语·2007年6月总第47期

体育营销

2008 年北京奥运会已进入一年倒计时。“关注奥运、关注体育”成为众多企业走进体育营销的卖点。这是一个被奥运、被体育深刻影响的时代，通过体育营销，借助奥运经济，品牌的传播力量，远远大于往常。

随着全球电视媒体的娱乐化发展潮流，所谓的体育营销，更多的是开掘体育本身的大娱乐理念，强调节目的娱乐性。比方在报道赛事的同时也渲染体育明星的耀眼光环，甚至揭秘幕后故事……巧妙运用各种娱乐元素来获取较高的收视。企业与传媒，便把以往单一的体育赛事向体育产业链的整体开发上构想并推进，使得体育营销具有了鲜明的商业化和娱乐化特征。

“以赛事价值挖掘为核心”，成了目前时尚的做法，它为频道的广告运营和增长开辟了新的空间；而将体育文化融入企业产品中，又提升了品牌的影响力，成就了企业的竞争优势。随着奥运会开幕日期的逼近，嫁接快乐理念，运筹体育资源，寻找节目卖点，成了企业与媒体的共同追求。在不经意间，大家共同开拓了一块原本不属于娱乐的领地。

我们期待着在体育营销中，涌现出更多的中国品牌，也期盼着我们的电视传播平台，能承载起这一具有历史意义的辉煌。

《电视编播实务》刊首语·2007 年 8 月总第 49 期

法制节目当更重“法治”

法制节目，观众与电视人都不陌生，尽管国外没这样一个专门的节目类型，可我国早在 1995 年就成立了中国广播电视协会法制节目委员会，成为一个与新闻、娱乐、电视剧等并列的电视品类。而今全国拥有 9 套法制频道，超过 200 个法制节目。

好处自然多多，可存在的不足也不少：一是同质化现象严重，都在“说法”或“重演”；二是实在太“浅显”，往往重事实阐述而轻评论；三是百姓寻求法律救助取得的成功较少得以彰显……回归到办法制节目的本义来探讨法制节目，首要的就是培养公民的法律意识，让法治观念以大众化的形式深入人心。

所以我们的节目要强调的是“法律保护你”，而不是“天网恢恢，疏而不漏，等待你的将是法律的制裁”等。法治虽具有惩罚上的强制功能，可更要落墨的应是维护和保护公民权益上的功能。

因此在凸显法治精神的同时，要力求实现媒介与司法终极价值的统一。换句话说，即是如何利用电视元素，将法律精神与人文精神融为一体，体现关注人类、以人为本的终极关怀，不然的话，法制节目将无所归依。

至于节目形式上的故事化、娱乐化，还是说书化，那都可以去尝试。

《电视编播实务》刊首语·2007年11月总第52期

盘点

盘点过往的一年，不管是广电行业“十大热点”，还是“十大创新”等均让人感触到电视群体的空前生机和活力。

电视媒介平台之多，栏目品类之盛，微妙之美难以穷尽。无论人们形容2007年的中国电视界是用“热闹”还是“折腾”来表述，我都觉得不紧要，反正很辉煌。

时下电视传播信息的渠道和平台越来越多，且越来越显立体化。上星的、地面的、收费的、新媒体的……内容市场日趋分众化，电视传播显现“碎片化”的趋势已成不争之实，竞争风起云涌。蓝海战略也好，差异化竞争也罢，目的都是争夺市场份额，于是有的以电视剧、综艺、新闻三大节目作为引领收视的三驾马车，有的以娱乐、选秀、电视剧作为频道的制胜法宝，有的着力通过大型活动来提升媒体品位，进而提高自身竞争力，可谓百花齐放，各绽异彩。

作为创意产业的电视传媒业，创新是主题，而创新的能力，实质上是一种把握市场需求的能力，所以在追求节目样式创新的同时，不能忽视资源的市场化配置和管控模式的转型，以求得竞争力的最大化释放。

新的一年是中国的奥运年，该是火爆的一年，我们应有所作为。

《电视编播实务》刊首语·2007年12月总第53期

电视融入公益重在激活善心

“公益”作为一个元素，近年已大量地融入了电视节目中，特别是融入了综艺节目和大型公益活动中，为中国的慈善事业助上一臂之力。

这里有一组数字：央视新闻频道在2005—2007年连续三年为贫困学生而发起的“圆梦行动”，仅从2006年6月至2007年2月，就筹得善款1.5亿元；央视经济频道2007年推出的大型公益行动周“春暖2007”，在活动推出的第一天，各界便向有关基金会捐献了善款一亿多元；广东电视台牵手香港亚洲电视于今年初共同举办大型赈灾义演“粤港同心暖华南”，为灾后重建筹得数千万元……这都是天大的好事，更是文明的象征。筹到钱，可以扶贫、赈灾、助学、维权……也彰显了媒介、企业、个人的社会责任感。

然而作为现代公益慈善精神的弘扬，作为电视媒体在这项事业中的作为，就不应仅仅着眼于某一次活动筹得的善款有多少，而更在于激发大众的爱心及参与热情，培养人们的慈善道德意识，一洗“有钱人帮没钱人”的观念，让大家感悟到自己也可献爱心，原来“人人可慈善”。这就是我们媒体发起或参与社会公益活动，策划节目栏目的价值导向所在，使得扶助、感恩、责任、义务等人性美得以传承延续，和谐社会的建设过程充满友爱与互助。

《电视编播实务》刊首语 · 2008 年 1 月总第 54 期

提升收视率　独播剧为王

电视频道虽然还是垄断资源，却已不是稀缺资源，甚至还有过剩之嫌。昔日的同门兄弟，如今成了竞争对手。

抢占独家资源成就新一轮的发展已成了共识，而以影视化改版的竞争手法最为“例牌”。

2007 年安徽卫视在后黄金时段开辟播放引进剧的《独播剧场》，继而瞄准国产剧，将独播剧战略向黄金时段延伸；江苏卫视晚间黄金档《情感剧场》锁定首轮上星剧、独播剧，在上半年播出的 13 部剧中有 8 部是独播剧；湖南卫视上半年晚间《金鹰剧场》播出的 11 部剧全部都是独播剧……

尽管各台在竞争中都不忘追求自身频道的定位，如安徽的“剧场”、江苏的“情感”、湖南的“娱乐”……而几乎无一例外都把竞争的筹码向影视剧倾斜，令人生出几多感慨。

多少专家学者在搜肠刮肚、长篇大论，到头来未免令人有书生之谈、隔靴搔痒之叹。更令传媒人感到这是一种颠覆，可能也是一种重塑。

我们也致力于频道改版来理顺观众流、改善收视率、提升竞争力，最终获取市场份额的高回报。

正是在这个意义上让我们意识到，收视率增长的百分比没有多少实际意义，市场份额占有的多少才是第一要义；在大众碎片化、市场细分化、需求多样化日益凸显的今天，分类、分众的收视率，比之一概而论的收视率会更加有意义。

《电视编播实务》刊首语·2008年2月总第55期

奥运这道大餐地方台怎么做

北京奥运会既是一个文化载体，也是一个商业载体，对于媒体和企业来说，都是一个难得难逢的锻造和提升品牌影响力的重大机遇。

面对机遇，央视喊出了把奥运年全年做成奥运经济盛宴的口号。在收视市场已进入份额竞争的今天，央视对奥运资源的相对拥有与垄断，势必会带来央视在奥运年总份额的增长，也就不可避免地会导致地方台收视份额的减少。

奥运圣火正沿着山川、河流、海岸线在传递，电视人的无尽激情也给燃起来了。为分享奥运盛宴，各地方台早已在积极面对、迅速应对，把创意用到奥运概念活动中，用到奥运赞助企业中，用到奥运相关节目中……

可生活总是这样，当你专注一件事的同时总是容易忽略另一件事，而关闭一扇门之时又可以打开另一扇窗。

作为地方台，是该在意有所为有所不为，以应对央视对市场的挤压，瞄准体育节目以外的观众，也为自办节目的品牌成长预留空间；而对于开放性资源如奥运明星、运动员等等，不仅仅是看投入比实力，还要看观念比做法，据说往届报道中就存在“过分关注金牌得主，忽略非金牌得主”的误区。

《电视编播实务》刊首语·2008年3月总第56期

包装意识

频道数量的激增，使得绝大多数观众一拿遥控器，便会在频道间漫游。什么样的频道才能留住观众，才能在众多频道中脱颖而出？

专家学者纷纷著书立言：离不开包装。业界人士纷纷行动，以期通过加强包装来有效树立频道形象，在竞争中占得先机。

已有相当量的文字表述：电视包装是由视觉识别系统、理念识别系统、行为识别系统所构成，而理念的识别系统则更多地体现在经营策略和管理策略上……

实际上，这些大家都明白，问题是哪个频道没有过几次改版包装的经历，而赢家又有多少？

成功与否，执行力是关键。

频繁地改版包装会带来品牌的损失；游离于频道之外玄虚花俏的包装，不能留住挑剔的观众。

在准确清晰的频道定位前提下，包装的整体性和完善性要上升到系统层面来构想，包括频道全天播出节目的无缝衔接、内容表达与外在表现的和谐、淡化栏目个性突出频道整体感……简言之，使频道风格彰显，让观众认得。

本期的“特别关注”，不仅对频道包装的理论和要素进行了总结，也给人们提供了许多思考的空间，值得关注。

《电视编播实务》刊首语·2008年4月总第57期

三大指标，共建科学评价体系

收视率问题，是当前电视界密切关注而又深感困惑的问题。大家对收视率质疑的同时，又在大量使用对自身有利的数据。

商品社会，企业家投放广告关注的多是收视率的高低、收视人数的多少，可低品质节目获得高额市场回报的现象普遍存在。在以收视率为基准的末位淘汰制压力下，难免迷失了方向。所以才有了“只有收视率，那又能怎样？”和“没有收视率，我们能走多远？”的慨叹。

笔者以为美国学者亚当斯的观点颇有见地：“收视率调查数据只能用来统计和分析收视行为选择的结果，而不能说明收视行为选择的原因。这恰是收视率调查的局限所在。”收视率可以说明收视人数的多少，却难以说明节目品质的高低，于是境外（如香港）对电视节目的评价增加了“欣赏指数”一项，国内也有了“满意度”的补充，相对科学。

科学的评价体系，具有重要的实践意义和应用价值，是电视业界进行行业管理的重要依据。不仅仅是收视率和满意度（或叫欣赏指数），节目成本的核算和控制，也应是节目评价体系的一部分，即由客观指标、主观指标、成本指标共同构建起来的一个评价体系。这是普遍的共识，只是这三大指标各自所占比重多少，孰轻孰重，还有待探究。

《电视编播实务》刊首语·2008年5月总第58期

手机电视

近两三年，手机电视在国内一直备受关注。

上海文广和央视先后于 2005 年、2006 年获得广电总局颁发的 IPTV、手机电视、网络电视全业务运营牌照，广东南方影视传媒集团于 2005 年 6 月获广电总局批准在广东省境内试验手机电视，重庆广电也于 2007 年 1 月获准开播手机电视……

随着手机性能的提高与互联网技术的发展，手机电视逐渐被人们视为继报刊、广播、电视、互联网后的第五大媒介而进入我们的生活。

据权威机构发布的相关数据显示，上海、杭州、广州等中心城市手机普及率接近 100%，中国内地拥有 8 亿潜在手机用户，从产业化进程估算，2011 年中国手机电视用户有望达到 1 亿，“蛋糕”之大，令相关业务运营商为之摩拳擦掌。

广电和电信是在手机电视领域两大各有优势的阵营。广电主要优势在于内容资源丰富，缺点是没现成的终端支持，服务缺少互动性；电信不存在无终端支持和互动问题，但内容资源稀缺是其瓶颈。

一直以来，广电和电信是两虎相争各不相让，国内的标准制订部门对此也难以取舍，手机电视标准之争，依然存在。

而在内容产业方面，手机电视碎片化的接触特征，决定了内容编播方式不能停留在编排传统节目上，生活资讯服务、商务应用和互动性节目方面有大量空间尚待开掘。

如何有效整合资源令各相关方面共享营收，如何解读和解决存在的各种弊端，将考验着相关利益主体和决策者的智慧。

《电视编播实务》刊首语·2008年6月总第59期

过往三十年

伴随着改革开放三十年，中国的新闻改革也走过了三十年。

百姓对电视媒体的钟情，成就了中国电视新闻、专题、综艺、电视剧等的持续发展，出现了长江后浪推前浪、一发而不可收的态势，方寸荧屏，满满当当，装了那么多的频道。

诸多形态的电视节目成为百姓休闲文化生活中最基本的消费品，电视具有的巨大影响力远远超越了广播、报纸、杂志等其他媒体，有人说如今百姓把电视当饭吃，可见电视的影响已深入精神层面。

在历史进程中，电视的商业属性也不断凸显出来，电视节目作为商品不断被强化。

而不管在哪个历史阶段，电视人总是不断地努力挖掘当下人们所关注的热点、焦点问题，演绎成不同类型的电视产品，既满足人们精神文化的追求，又规范与教化大众的时代认知感。

当然，成就任何一件大事，都不可能是一蹴而就的。我们在感受蔚为壮观的同时，也清醒地意识到体制与机制的改革和理顺还有相当一段路，自主创新品牌的获得，还须不懈地努力。

电视业迅猛发展的同时，也让我们面临诸多的困惑，收视率崇拜引发媒体生态失调就是一例；而境外媒体在抢夺国内电视市场，央视和外省卫视在抢夺本地市场，其他媒体在抢夺电视市场，新兴市场在抢夺传统市场……

但不管怎么说，我们总还是有一种要为这个事业多做些什么的冲动。

《电视编播实务》刊首语·2008 年 7 月总第 60 期

差异化的综艺节目

电视综艺节目，是目前电视一大主要节目类型。社会的转型震荡，市场经济带来的商业化、娱乐化趋向，都会使得电视节目在形态变化上敏感地表现出来，综艺节目也就相继出现晚会类、益智类、选秀类等多种演进。其中大行其道的选秀类节目形成了对传统娱乐模式的颠覆和突破，给整个电视生态带来的影响是深远的。海选、PK、零门槛……方式多多，平民的愿望，在平民选星机制和自我表现的狂欢中得到了表达和满足。

在全球视野中，以赢得观众眼球、赚得观众笑声为主要目的的制作公司或电视台，因不同的社会文化背景和制度的差异，节目从内容到手法可以说是异彩纷呈：像台湾的娱乐节目，人们谓之“伪辣八卦，令人脸红心跳”；韩国的一直以来都以明星为主，让观众难以转移视线；我们则是平民娱乐，力挺“草根”阶层……

如今全球每年40%的节目模式输出都来自英国，是输出量最大的国家。究其原因，笔者以为有三：英国法律规定，各频道至少30%的节目必须向独立制片公司购买，促进了制片公司的发展壮大，提高了娱乐市场的有效竞争力，此其一；其二是重视主持人，有了好的节目方案，如果找不到合适的主持人，他们通常宁可推迟或取消节目；其三是节目的最初策划其实是从编排表开始的，而不是有了节目再考虑把它塞到哪里。

他山之石，可以攻玉。

《电视编播实务》刊首语·2008年8月总第61期

TVB 的剧集生产模式

剧集，已成电视台之间竞争的中心。

香港电视媒体的竞争，实际上就是 TVB（无线）与 ATV（亚视）之争。在四十年的多次激烈碰撞中，无一例外均体现在以剧集为中心的竞争上。

在竞争中成就了一个个耀眼的男星，一个个璀璨的女伶，留下了一场场还在持续着的恩怨情仇……也让观众找到了情感寄托的对象，所以武打剧、爱情剧、职业剧等题材被不断地重复拍摄。

尤其是 TVB 强大的电视剧创作能力和制作能力，使得其年产电视剧的总量在 700 小时左右，为 TVB 提供了非常稳定和优质的收视保障，赢得了港产剧在国际上的影响力。

更为可贵的是，在电视剧的海量创作、制作上，探索出一套流水作业的生产程序与模式：

——20集的剧本创作，必须在110天内完成，具体分解为：20天集体构思，30天设计故事及讨论大纲，60天编写。

——收视率低不会对编剧的薪酬有什么影响，收视率高也不会增加多少薪水。“这意味着电视剧创作人员有良好的薪金保障和宽松的创作环境。”

——虽然题材不断被重复，但“旧瓶装新酒”，关注市民关注的焦点，甚至引领市民的时尚。

…………

眼下中国大陆电视媒介之争，仍然是电视剧之争占主导。

如何创造适合中国大陆市场的剧集生产模式，正是电视品牌建设参与者所要思考的。

《电视编播实务》刊首语·2008年9月总第62期

栏目剧的锻造与超越

广东电视台珠江频道栏目剧《夜倾情》，继 2007 年获中国广播电视学会“全国优秀电视栏目剧”三等奖后，近日又获 2008 年中国电视艺术家协会“全国优秀电视栏目剧”二等奖，接“二”连“三”，为广东电视珠江频道创了一个品牌，诚为可喜。

栏目剧的平民化特性，使它的作品更加生活化，也成就了其具有大众所喜爱的纪实美。受众可以透过生活中的审美，来反观栏目剧的审美。所以栏目剧自诞生以来，喝彩持续不断，可批评也接踵而来。这也很正常，因为栏目剧与民生新闻一样，记录着芸芸众生的常态生活，稍不留神，就会滑入题材选取的琐屑、庸常之中，有的甚至还有低俗之嫌。而每一部剧又都离不开故事和表述，一个是事实层面，一个是情感层面，如果仅仅停留在事实层面，缺乏戏剧内涵的深度挖掘，拍出来的剧顶多也就是新闻故事的再现，干瘪而枯燥，观之无味。

栏目剧在经过一个无序的高速增长期之后，许多早先被忽视的问题慢慢凸显出来了。原先认为栏目剧的粗糙使得作品更有生活的质感，可现在却发现这种粗糙会影响审美格局，影响二次售卖……所以我们的栏目剧要不断超越自我，就得不断地苦练取材、提炼之功夫，同时在电视节目同质化严重的今天，寻找具有恰当感染力的形式去承载故事、去表达思想、去赢得观众，才能拥有未来。

《电视编播实务》刊首语·2008 年 10 月总第 63 期

广告·频道战略

今年，在经济下探、报业市场份额下降 33%、上半年约有 6.7 万家中小企业倒闭的现实中，广告主敢于逆市提升广告投放量，在中国广告业连续 10 年增长 10% 之后，今年又爆增近 19%。期待以广告传播的力量来化解经济上的不利因素，这种决策是很考智慧的。

可以想见，高潮之后必有回落，何况全球金融海啸的影响还在持续，明年的艰难可想而知。令人惊喜的是，在 11 月央视的 2009 年度黄金资源广告招标中，以 92.56 亿元的佳绩创下了央视 15 年来的新纪录。这也许是来年电视业的一个好兆头。目前电视媒体高覆盖、权威性、低成本的诸多优势，依然是广告主首选的价值指标，但多种数字、网络媒体形态的蜂拥而至，这种传统电视的优势还能持续多久？

在传播方式多元、传媒竞争激烈、传媒格局巨变的今天，电视媒体竞争的焦点已从节目层面、营销层面上升到整体发展战略层面。如何告别电视媒体经营“无战略时代”，是眼下一个重大课题。

《电视编播实务》刊首语·2008 年 11 月总第 64 期

娱乐秀难寻“中国芯”

文化的多元化发展，频道的白热化竞争，使得近年来电视娱乐节目一方面是红红火火，收视率火爆，观众狂热追捧；另一方面是功利色彩很浓，同质化倾向严重。

不管定位为选秀类的或是综艺类的还是益智类的，其参与性和互动性，均离不开海选、短信投票、电话热线、现场PK，缺乏的就是差异化的价值取向。而在节目形态上，我们不说抄袭之风盛行，但克隆、模仿应是不争之实，当然，也有“引进”的。

央视的《开心辞典》克隆美国的《谁来做百万富翁》；湖南卫视的《超级女声》是《美国偶像》的翻版，《舞动奇迹》则是引进英国BBC电视台的；浙江卫视的《我爱记歌词》其创意来自美国的《合唱小蜜蜂》；江苏卫视的《谁敢来唱歌》是购买美国 ITV 电视台的《谁敢来唱》的版权……而当这些节目成了全国此类节目的标杆后，其他省级卫视、地面频道群起而效之并一起逐鹿周末，令人不忍的不仅仅是了无新意，不仅仅是泥沙俱下良莠不齐，更在于严重的同质化竞争迅速消耗着观众的热情。症结就在于节目缺失了创意内核。

眼下娱乐节目有阶段性结合活动营销季播的，也有强调约会意识常规播出的。季播节目维持热点，迅速提升品牌影响力，具有常规节目难以比拟的优势；而常规节目却能有效维持核心观众的守候，提高收视的稳定性，同时也降低了被复制的风险。所以频道在品牌的诉求上，两相结合，适时而动，是为上策。

可以预见，娱乐节目在 2009 年将会开始新一轮的激烈竞争并引发新一轮的创新调整，但愿会有新的突破。

《电视编播实务》刊首语·2008 年 12 月总第 65 期

创新，向体制机制纵深挺进

在电视业界模仿、克隆、跟风等现象普遍存在的当下，许多电视台先后成立名字不尽相同但功能职责基本一致的研发部门，遗憾的是多数仅停留在简单搜集汇总国内外最新节目资料的层面。研发的目的是节目创新，而节目创新又岂是一个研发部门所能承担得了的？它首先需要的是一种机制和体制的创新。

业界一些主流电视媒体，已在探索与完善节目创新的良好运行机制和资源的高效配置——

在资源配置机制上，湖南、江苏、浙江、重庆等台已逐步告别了频道各自为政、自创自新的模式。如湖南地面频道已成为卫视栏目创新的“孵化器”，还从 2006 年始每年配置 1000 万元的创新基金；江苏总台也设立专项基金启动一批创新项目……

在体制架构上，湖南卫视改变了节目制作以栏目为单位的做法，代之以核心制作人及制作团队为单位，组成十个制作团队；英国 BBC 电视台在 2006 年通过“创意未来”计划，引发了电视台内部体制架构的大幅调整，原有的 14 个部门减为 9 个……

我们在鼓励创新的同时，业界也在呼吁要营造一种宽容失败的文化氛围。这既是观众对新生事物的包容，更是管理层对新生事物的容忍。而这一切，最终体现的是一个社会的文明和进步。

《电视编播实务》刊首语·2009 年 1 月总第 66 期

媒体发展　以人为本

国内的电视界已是一个集喉舌功能、公共服务、市场经营于一身的媒体，“收视率”成了节目交易市场中的“通用货币”，也是广告主、广告公司制订策略的重要参考，于是也成了电视媒体改革的重要依据。

电视湘军的决策者们早些年提出的“只有产业属性的深度发掘，才有宣传功能的强度发挥”的理念，正是针对这种多重属性的现象而发。

不断地改革，为的就是“深度发掘”和“强度发挥”。这些年业界的改革，几乎都是围绕着“频道制”还是“中心制”、广告“统一经营”还是“分散经营”、节目如何“制播分离”、“责权利”如何统一这几个焦点。现实中多种形式已共存多年，实践显示也没最优的模式，科学与否，无不与媒介的个体差异性密切相关。值得关注的是其诸多的共性：

——员工人数不少，可依然缺少具有策划能力的专业人才、具有经营能力和管理能力的复合型人才、具有高度影响力的主持人；

——规章制度不少，但亟需完善面对市场开放的人才准入制度、刚性的淘汰制度、倡导竞争的激励机制；

…………

让老观念得以冰释，让年轻、才情、活力得以展示吧！

《电视编播实务》刊首语·2009年2月总第67期

独播剧·核心资源·回归

从 2006 年中国电视界提出独播剧概念之后，“独播剧”便成了近几年电视剧市场的流行词语、热门话题。人们从中可以感知到，各电视频道对优质电视剧资源掌控的渴求。

有人说，省级卫视的崛起很大程度上得益于电视剧市场的发展，同时，电视剧市场的繁荣也受惠于省级卫视的逐步壮大，两者完美地诠释了双赢的理念。此话不假。我们从 2008 年全国收视分获冠亚季军的湖南卫视、江苏卫视、安徽卫视得到印证：尽管频道的战略定位明确为湖南卫视“娱乐天下”，江苏卫视“情感天下”，安徽卫视“剧行天下”，但无一例外，独播剧均成为他们的竞争利器。在 2008 年度收视前 50 名的电视剧中，独播剧占绝对优势，达到 40 部之多，而冠亚季军三家在前 50 名中就占了 42 席。

可以说，中国电视界目前还很难摆脱电视剧仍是核心资源的事实。

同质化竞争的胶着和惨烈，让人想起从《团长》到《潜伏》，明争暗战近乎疯狂。业界出现了“你放在黄金时段，我就放在凌晨播；你打括号导演版，我就剪出个精编版；你一天两集，我就一天三集占先”的现象。这是竞争压力下的极致表现，实属无奈。

面对市场人们终于参悟到，要真正把控电视剧，掌控竞争的最核心资源，就必须参与到电视剧产业链的上游中去。由此出现了自制剧如湖南卫视的《丑女无敌》，定制剧如重庆卫视与北京喜多瑞文化传播公司合作、正在打造的160集悬案推理电视剧《民国奇案》……从某个角度看，这是电视剧率先走制播分离后的一种回归！难怪有人说，时尚、潮流就像摩天轮，转上去又转下来。

《电视编播实务》刊首语·2009年3月总第68期

兼顾导向与产业，提升成本管理水平

电视节目的竞争是节目质量的竞争和收视率的竞争，同时也是成本管理的竞争。

我国电视节目所具有的经济属性与政治属性，即所谓的产业功能与导向功能，这种双重属性是电视行业区别于其他行业的特性，使得电视从业人员必须在思想上辩证认识，实践中正确处理，两者既不能相互割裂更不能相互替代，若兼顾不当，便会使“有为者左右为难，无为者左右逢源”。所以涉及产业经营的成本管理，便变得复杂起来，既有政府成本、机制成本，还有决策成本等等，如在配合中心、诠释政策、引导舆论、维护稳定上是几乎不计成本的……节目生产与经营创收的不完全挂钩，从某个侧面反映了“外部市场波涛汹涌，内部计划体制根深蒂固”的现象。

在成本管理上同样不能忽视的是，电视节目生产有着非同质化、非规模化、非标准化的特征，这就造成了对于具体的电视产品，难免见仁见智，上下认知错位，缺乏公认的费用认定标准。所以对于电视节目的成本管理稍有不慎，便容易失去和谐的人文环境，更何况电视节目属于精神产品，是人们思想观念、社会意识、审美情趣的直接载体和物化形态。如何量化节目价值，便成为一个有待深化和突破的理论难题。

建立科学有效的电视系统成本核算方法和机制，意义重要且迫在眉睫。

《电视编播实务》刊首语·2009年4月总第69期

特色牌，省级卫视的新王牌

今日省级卫视之争，正风云激荡。

2008 年 8 月 3 日，浙江卫视推出“中国蓝”品牌进行改版；2009 年 5 月 23 日，重庆卫视本着打造“英雄品牌”推出新版；2009 年 5 月 28 日，深圳卫视打着“中国前沿　港澳特色”的传播理念，全新改版；2008 年 6 月 1 日，贵州卫视改版；2008 年 6 月 18 日，东方卫视改版；还有山西卫视、陕西卫视……

改版不一定成功，但墨守成规一定失败。

从央视－索福瑞 35 城市收视率数据看，省级卫视已呈现持续 4 年每年 10% 左右的强劲上升势头，今年第一季度更甚，说明省级卫视仍有相当的成长空间可为。

电视的竞争，一直以来，大家都明了要靠新闻、综艺、电视剧这三套马车，但如何在这三个领域全面创新和系统升级，如何消除现实定位与理想状态间存在的矛盾与障碍，如何变地域局限为区域优势，这就要看我们的电视人如何用心去解读、去经营。

如今年东方卫视的改版，在原有五档新闻的基础上新增三档，构成了八档新闻全天滚动，凸显新闻特色；而湖南卫视为了打造综艺特色，新闻栏目一减再减，从最多时的十九档减至只剩两档。这就让我们看到地域性资源、地域性文化的差异导致的不同竞争策略。

只要用心，你会发现省级卫视在竞争中从综合频道不断走向特色频道已成不争之实，而电视的一系列跨媒体的合作，也均由于放大了事件品牌的传播效应，实现了共赢。

总之，一切都在变化中发展。

《电视编播实务》刊首语·2009年5月总第70期

定制剧：制播机制的新动向

许是机缘的巧合，喊了几十年的电视节目制播分离，得风气之先的是电视剧；而今“定制剧”之风日盛，电视剧制播合一又成了趋势。

2009 年仅上海台，就有一半的电视剧是为东方卫视定制的，而湖南卫视不仅自己制作电视剧如《丑女无敌》，且一般不收国内其他的电视剧。

2009 年春季电视剧重庆推介会上，推介的 150 多部剧中，约有 80 部尚未开拍，占了推介剧的半数以上，制作公司寻求播出机构定制合作的初衷由此可见。

重庆卫视、天津卫视在定制剧方面均有不俗的作为……

所以有人说定制剧是向传统渠道的妥协，这是向计划经济时代的回归。

是进步还是倒退？人们不禁质疑。

笔者以为，这是螺旋式上升，是进步，更是市场使然。

作为开放性资源的电视剧，往往导致多家电视台播出的同质化，所以有了独播剧之争，体现了电视台对精品资源的渴望，却也因之带来价格的虚高；而定制剧就是在这愈演愈烈的“独播剧”竞争之下的产物。

定制剧由播出方和制作方形成制播联盟，共同创作，共同发行，利益共享，成本分摊，风险共担。这样既解决了播出机构如何拥有版权拥有核心资源的问题，也改变了许多电视剧制作公司融资难的处境。

可以说“定制剧”在商业模式的创新和制播机制的探索方面，进行了与时俱进的大胆而有益的尝试。

《电视编播实务》刊首语·2009 年 6 月总第 71 期

打造南派纪录片

关于“打造南派纪录片”这个命题，我以为应是我们南方的纪录片制作者们共同追求的目标。

我一直在思考，中国的武术有南拳北腿，中国的绘画与北方相对应的有岭南画派，以至于我们的电视剧像以往的《公关小姐》《外来妹》等等，都是凸显南国神韵之作。我们的纪录片，当然也不能离开这个地域特有的人文环境，这样才会有我们的价值、我们的底蕴、我们拓展的空间，才能形成我们的品牌。当然，这是一个可写大块文章的命题，留待日后细论。

下面仅就一些我所涉猎到的观念与大家分享。

一、在题材上要以责任意识寻找合适的内容定位

纪录片作为一种被世界沟通和认同的国际性语言，它是国际化的通用电视文本。

大家都知道，张艺谋导演的电影打入世界影坛，令外国人认识了中国的长辫子、黄马褂和一些奇异类的边缘化的文化现象与社会现象，而李小龙演的电影，让中国功夫在世人面前大放异彩，为中国人争得面子。两相比较，我们更欣赏李小龙。不为什么，只为弘扬了中华民族的优秀文化与民族精神。目前我们的纪录片要高扬旗帜，走出低谷，必须依靠一种更深刻的力量，那就是社会责任感和时代精神。

当今的广东乃至中国社会的整个大环境，为纪录片提供了最佳创作契机，社会处在转型期，价值观、生活方式、道德规范不断重塑，生活中各种戏剧性的元素层出不穷。国内各省、各市电视台争相推出纪录片栏目，正是适逢其时。广东电视台的《珠江纪事》、深圳台的《魅力深圳》、汕头台的《潮汕风》、清远台的《北江纪事》等等，就是在这样的背景下诞生的。

我们不能辜负了这大好春光。纪录片虽然不是大众快餐，但不能为收视率所困而走向一种悲情主义泛滥的倾向，假若诸如爱情生死恋、母子大团圆、绝症奇遇等等这一类题材大行其道，那就不好了。人们在社会生活中感受到的真实，如果缺乏历史参照和深度，就是一种肤浅的真实，记录真实不等同于表现了真实。

二、在表现手法上不能死抱“纪实”两个字

谁都知道，纪录片的魅力在于记录的真实、细节的感人和讲述的技巧。但在手法上，必须变通。有一份资料表明：现在国际上历史题材的纪录片，

90% 以上是有情景再现的，而且在国际交易平台上无论什么题材，纪实手法大概只占到不足 20%。所以我们要有国际视野，不能脱离整个世界纪录片潮流的格局来谈我们的纪实。中国第一个纪实频道上海纪实频道总监应启明曾指出：要从单纯依赖“纪实”手法转向在“真实”理念追求下多种创作手法并举，不然跟世界的距离会越来越远。

同时我们要看到，栏目化的纪录片，它抛开传统纪录片对题材把握力求完整和宏观的套路，又有别于新人文纪录片的大选题、大投入、大制作，它强调的是细节，通过把事物发展的关键点放大，从而展示出组成事物的细胞，追求的是一滴水照见太阳的纪实效果。

三、必须放眼国际市场

“一个国家没有纪录片，就像一个家庭没有相册。”这是行业里的一句名言。它表明了纪录片在一个国家或民族史上应享有的地位。据统计，全球 10 大知名品牌中唯一的媒体品牌——探索频道，在过去的一些年里，他们制作的纪录片有 25% 与中国有关，国外媒体对于中国题材的纪录片需求量很大，但在国际纪录片市场上，出现的中国纪录片多数不是中国本土制作的，作为中国纪录片的主体创作力量，在国际市场上缺少声音。一方面，我们的资源被人家挖走了，心疼；另一方面，我们制作的纪录片却很少被西方所接受，心酸！这就警醒我们：我们的事业需要国际化的思维。从另一个角度来解读，我们也看到中国纪录片的国际流通，有着巨大的发展空间。

国家广电总局发展研究中心政策与发展战略研究所所长杨明品在今年三月份发表的一篇文章中谈到：“目前，有关部门正在研究促进纪录片发展的政策意见；对于国际联合制作的纪录片，政策将越来越积极，越来越宽松。”

这是利好消息。回归到“打造南派纪录片”的主题上来，我们广东作为文化大省、经济强省，有让人先知先觉的各种优势，包括毗邻港澳的人缘、地缘优势，在政策的引领下，我们可以借助国际参评、国际市场发行、国际合作制作等各领域的外力帮助，顺应国家扶持纪录片“走出去”工程的政策发展趋势，来发展壮大自己。实际上，广东电视台的《百年留学》《相约多瑙河》等纪录片，已经在这方面做出有益的尝试。作为广东电视台栏目化纪录片的平台《珠江纪事》，也有了夺得国际纪录片选片会十佳纪录片以及四川国际电视节“金熊猫”提名奖的殊荣。据悉，中央电视台的《故宫》之所以能进入国际市场，也就是采用了与美国国家地理频道合作，由外方进行节目内容的重新编辑包装而成功的。

所有这一些，无不让人欣喜，无不让我们看到：只要我们以更加开放的眼光和更为多样化的发展模式，是可以打造出我们的纪录片品牌，使纪录片走向辉煌的。更何况在民间还有着不少独立制片人和大量的 DV 业余爱好者，他们对纪录片的执着和虔诚，着实让人感动。作为主流媒体的纪录片的创造者，我们更应该有足够的自信和底气。

我相信，南派纪录片在中国的崛起不是梦！

2007 年 12 月 4 日在“2007 中国（广州）国际纪录片大会‘广东日’活动”的讲话，
载《岭南新闻探索》2008 年第 1 期、《广东电视外宣》2008 创刊号总第 1 期

南派纪录片：为一个伟大时代立像

今年是中国电视 50 周年，又是改革开放 30 年。在这令人振奋的年头，广东电视人以不懈的努力和大胆的进取，以不俗的业绩和创新的理念，赢得了业界和学界的认可。

金秋时节，“中国电视纪录片南方创作培训中心”“中国南派纪录片创作基地”落户广东电视台。中国电视艺术家协会、中国视协电视纪录片学术委员会于 10 月 8 日在广东电视台举行了授匾仪式。

这是一个承载着专业主义态度和理想主义精神的基地。为了理想，为了信念，为了超越，为了心中豪迈的激情，为了见证，为了建树，为了那份社会责任感，我们勇敢置身于时代洪流，勇猛进取。

我们愿为时代立心，为精英立言，为平民立像。倾听时代的潮音，记录时代的脚步，寻求多样化、多角度的解读生活，努力去把握纷繁头绪中跃动着的时代脉搏，创造出无愧于时代的作品。

在即将过去的一年里，广东电视台打了几个漂亮仗：年初春运雪灾，广东作为外来工集散地，我们不仅站到新闻报道第一线，更注重媒体的社会责任感，以自身的公信力和号召力，与企业联手，与境外媒体联手，共同举办现场直播晚会，向社会公开募捐；“5·12”汶川地震，我们迅速调整各频道版面，适时播放相关的专题与资讯，策划长达8小时的慈善晚会，为灾区筹得善款人民币8亿多元……在金融海啸过后，全世界的目光聚焦中国，我们的国家领导人已站到了国际舞台上，宣讲着大国崛起的庄严承诺。这是一个伟大的时代。我们要抓住机遇，在即将来临的新的一年里，在坚持以人为本，注重对人类命运、国家前途、民族利益的整体和终极关怀的同时，注重对个体生命及生存权益主张的当代人文精神的尊重，与同行一道，携手打造“中国南派纪录片”。

我们相信，来日“中国南派纪录片”必将跻身于国际一流纪录片之列，在纪录片的发展史上占有一席之地。

《广东电视外宣》刊首语·2008年3—4月合刊总第3期

纪录片：必须奋起

2008年10月8日，中国电视艺术家协会、中国纪录片学术委员会授予广东电视台为“中国南派纪录片创作基地”“中国电视纪录片南方创作培训中心”。本文为作者代表广东电视台在此仪式上的致辞。（节选）

首先，我们要感谢中国电视艺术家协会、中国纪录片学术委员会的领导和专家们，让“中国南派纪录片创作基地”和“中国电视纪录片南方创作培训中心”落户广东电视台，这既是对广东电视台工作的肯定，更是对我们广东电视人在电视事业追求上的鼓励与鞭策，对我们来说，既是一个机遇又是一个挑战，但更是一种使命。打造“南派纪录片”概念的提出，始于2007中国（广州）国际纪录片大会“广东日”活动，但在此前，广东电视人已做过许许多多的探索。借此机会，我把近期广东台纪录片工作的一些情况，向各位领导和专家做个粗略的汇报：

（1）北京奥运会前夕，我们拍摄了10集《龙行天下耀中华》系列片，从南非到希腊，从希腊到北京，穿越24个国家，行程五万公里。节目除在广东卫视、珠江频道播出外，还在广东电视台各境外平台包括港澳、美洲、马来西亚等地播出，反响较大。

（2）今年5、6月，我们先后派出几个摄制组，奔赴汶川地震灾区和北京奥运场馆，拍摄了12集大型系列片《志愿者》，把广东志愿者动人的场面和活动抓拍下来，体现广东人无私奉献的人文关怀，让外国人认识到今日广东在经济发达之后的所作所为。

（3）今年8月，我台接到中东亚洲商务卫视和半岛电视台来函，希望我们提供反映广东人精神风貌和广东改革开放成就的纪录片给他们播出，我们抓住这一契机，及时送出一批纪录片，宣传推介广东。

（4）9月，在省外宣办的领导下，我们具体实施了全省地级市台第十三届易地采访活动，全省各地市电视台合力制作了22集具有南派特色的纪录片，大力度地向东盟各国推介广东，通过南派纪录片来彰显岭南文化的魅力和广东在海外的影响力。

（5）10月，广东电视台拍摄制作的20集《外交官纪事》系列纪录片，将在美国中文电视台进行海外首播。

（6）明年开年，广东电视台珠江频道将在越南落地，并集中推出一组反映广东改革开放三十年的纪录片。

…………

目前，广东电视台除了海外中心承担的一些历史片、政论片如《叶剑英主政华南》《回望陶铸》《百年留学》《相约多瑙河》等，栏目化纪录片在卫视有《人在他乡》、在珠江频道有《珠江纪事》、在公共频道有《南粤大地》、在新闻频道有《活着》。经过大家的共同努力，这两年我们有不少佳作获得“2007 中国（广州）国际纪录片大会评委奖”“四川国际电视节‘金熊猫’奖”“2007 中国纪录片国际选片会十佳纪录片奖”和“第 24 届中国电视金鹰奖优秀纪录片奖”等一系列奖项。这些获奖作品除了创作队伍的专业水平达到一定层面，很重要的是它们体现了开放性、包容性、贴近性的南派纪录片特色，把广东毗邻港澳、对外来文化先知先觉的地缘优势和广东人在对时尚性、领潮性元素的敏感把握上体现出来的人文特色，很好地结合到一块。可以说，这些年广东电视台在纪录片方面是有所作为的。

同时我们也意识到，纪录片毕竟是文化产品，不像物质产品那样有精确的评估体系和标准刻度。因此它的“好”很多时候有相对性，这样在业界也就形成了品牌决定论。正是在这个意义上，“南派纪录片创作基地”给了我们凝聚全省各台多方制作力量、打造品牌的一个绝好平台，给了广东纪录片无穷的发展动力和空间。在娱乐节目、电视剧泛化的今天，广东电视台打出南派纪录片的旗号并为之倾注一定的人力物力，我以为这是一个具有前瞻性的选择。

纪录片要进入可持续发展的良性循环，除了市场，还必须有理论的支撑和依托。“中国纪录片南方创作培训中心”就是在这时候应运而生，应需而生的。相信来日将会为纪录片的创作提供理论的指导，同时也为广东乃至全国纪录片人才的培养和输送发挥巨大的作用。

当然，我们与一些兄弟省台相比，在某些方面还有一定的差距。据相关资料表明，近日上海纪实频道、中国教育电视台三频道与重庆科教频道三方正在达成京－沪－渝纪录片联盟。这对我们广东来说无疑是一个触动，当然也是催我们奋起的一个信号。我们的南派纪录片不仅仅是记录时代的载体，更要成为影响时代、引领时代的文化形态，这就是我们南派纪录片创作者们应有的一份责任意识，我们将为此而做不懈的努力。

…………

《广东电视外宣》2008年3—4月合刊总第3期

试论南派纪录片的生机与路向

眼下南方恰好是春暖花开的季节，人们又可以在一个新的轮回里展示着新的期望。我的期望是：南派纪录片在新的一年里能有更大的作为。

目前广东电视台有较为庞大的纪录片创作队伍，加上广东 19 个地级市和广州、深圳两个副省级城市，各地级市以上电视台共拥有超过 20 个以上的纪录片栏目。全省众多纪录片栏目的节目，我们整合在通过粤语播出的广东电视台珠江频道的海外版，在美洲、东欧、南非、东南亚等国家和港澳地区的有线电视台播出，这是一个很好的展示平台。这两年也孕育出一批节目，荣获“2007 中国（广州）国际纪录片大会评委奖”“四川国际电视节‘金熊猫’奖”“2007 中国纪录片国际选片会十佳纪录片奖”“第 24 届中国电视金鹰奖优秀纪录片奖”“纪念改革开放三十周年优秀纪录片经典作品奖”等一系列奖项。在2008年的10月8日，广东电视台被中国电视艺术家协会、中视协纪录片学术委员会授予“中国南派纪录片创作基地暨中国电视纪录片南方创作培训中心”。我们既心存感激、深感荣幸，同时也更感到是一种鞭策、一种责任、一种压力。

“南派纪录片”概念的提出，始于2007中国（广州）国际纪录片大会“广东日”活动。当时我说了下面一段话：“关于‘打造南派纪录片’这个命题，我以为应是我们南方的纪录片制作者们共同追求的目标。我一直在思考，中国的武术有南拳北腿，中国的绘画与北方相对应的有岭南画派，以至于我们的电视剧像以往的《公关小姐》《外来妹》等等，都是凸显南国神韵之作。我们的纪录片，当然也不能离开这个地域特有的人文环境，这样才会有我们的价值、我们的底蕴、我们拓展的空间，才能形成我们的品牌。”在一年后的2008中国（广州）国际纪录片大会 “广东日”活动上，有记者让我简单地概括何为“南派纪录片的特色”时我说：“把广东毗邻港澳、对外来文化先知先觉的地缘优势和广东人在对时尚性、领潮性元素的敏感把握上体现出来的人文特色，很好地结合到一块。”

下面是我对纪录片的几点感悟：

一、纪录片的解读方式

纪录片人要捕捉那些超越了题材的东西，这是德国纪录片导演菲科贝尔的观点。一个纪录片人实际上就像是一个向导，他带着大家到一个地方去玩。比如你看到的是他在拍广东开平的碉搂，但他不仅在表现碉楼，而是已经超越了碉楼这个题材，也许是一段逝去的华侨的辛酸史……没有人文的积淀，何以能成为世界文化遗产？总之，要能隐含着一种审视社会的方式。具有吸引力、感染力的纪录片，往往不独靠纪实记录取胜，同时要伴以审美发现取胜。

二、纪录片的话语方式

有人说现实是流动的历史，历史是凝固的现实。更有人说历史是历史学家的历史，现实也是叙述者的现实。历史与现实，会因叙述者所使用的不同情节和话语而不同。可见叙述者作为主体的能动性是多么重要。他有权选择某一种话语方式，比如情景再现，包括三维再现、扮演等等。就在这个意义上，我以为扮演、再现的虚拟，不光是为了填补流逝的历史场景，不光是为了好看，它应该上升为一种叙事策略的选择层面来考虑。即便现实存在，但虚拟更具感染力也不是不可以考虑。毕竟时代在前进，纪录片要发展，创新的话语方式应予以重视和鼓励。底线是现实与虚拟在片中不能被模糊。

三、栏目化纪录片的人文关怀

不少电视台开办纪录片栏目，使得纪录片制作的形态出现了新的走向。一方面是受时间周期的限制，像新闻一样要求短平快，展现的是组成事物的细胞而不是去力图把握完整性和宏观性；另一方面是故事性本不是纪录片的魅力，更不是纪录片的灵魂，而只是一种技巧，但是栏目化的纪录片因为在收视率的困扰下，编导更多地把视角转向老百姓，讲述一个个动人的故事，也就出现了矫情、煽情的通病。当然，这是生存的需要，也没有错，但只是权宜之计。我以为如何生动捕捉社会快速变迁下的个体生命的状态，应该是栏目化纪录片体现人文关怀的可为之处。像广东电视台和韶关电视台联合制作、获得金鹰奖的纪录片《囚犯生死大转移》，记录数十干警、上千囚犯面对台风、洪水造成的生命威胁，如何守望相助。编导着力于表现人们是如何用适度、合情理的方式去体现对生命的尊重和珍惜的一种大爱。而广东卫视《人在他乡》栏目，在历时五年260多期的节目里，面对三千万南下广东的外来工这个庞大的族群，始终坚持着一种“以人为主角，以故事为载体，以情感为核心”的原则来记录个体的生存状态，从而赢得口碑、赢得荣誉。

此外，对纪录片的市场化流通，纪录片的后现代主义倾向，纪录片的娱乐化特征，也是我们从事纪录片的创作者们要予以关注的。

《南方电视学刊》2009年第2期 、《广东电视外宣》2009年第1期总第5期

勿忘超越

20世纪90年代初，广东电视台时政类社会类电视专栏已渐显亮色，先是《社会聚焦》和《事事关心》各露锋芒，继而聚合而成《社会纵横》，更是业绩骄人。究其原因，当首推改革大潮的驱动，其次则为视听文化领域的观念更新。追源溯流，这类专栏早在广东电视台改苎初期就开始萌芽破土。社教部先后开办了《观众之友》《越秀桥》和《事事关心》，新闻部则从《观察哨》和《立此存照》演化为《社会聚焦》。1992年初，广东电视台节目改版，上述两股力量汇流，便有了以崭新姿态面世的《社会纵横》。

——摘自《岭南新闻探索》（作者：张锦庆）

历史已经跨进崭新的21世纪，回眸《社会纵横》将近十年的发展轨迹，从初始的每周播出一期发展到每周播出五期，其间备尝艰辛；100多件获奖作品，凝结着编辑记者的心血和浸透着他们的汗水；1999 年获得“首届中国新闻名专栏奖”；2001 年获得广东省第六届宣传文化精品奖……伴随着栏目成长的脚步，编辑记者们在尽涓滴努力来报答社会给予的荣誉、观众寄予的厚望的同时，深感“责任感”三个字的分量。

我们曾收到一封来自大洋彼岸的信件。信中说道，看了《社会纵横》播出的某期节目，深为节目中那位一年四季风雨无阻撑着竹排接送山村孩子上学的女教师所感动，想捐钱造一座桥……类似这样的信件，我们还收到过许多，它比任何荣誉、任何成功名流的激赏更令我们感动。

审视过往，我们为打造了一个观众认可的栏目而充满欣慰，也深深感到来自心底的压力：勿忘超越才能保名牌。

正是基于这样的认识，《社会纵横》的编辑记者们，把自己做节目碰到的疑问和困惑、探索与追求写出来，把自己工作之余诉诸笔端的切身感受拿出来，汇编成一本电视新闻论文集——《社会视点》，为更好地开拓未来打开思路，以期突破现状、追求卓越，达到一流。

这是一个风云际会的时代，电视人正面临着体制改革的挑战，肩负着面对市场、与国际接轨的重任。“与时俱进”已成为时代的呼唤。

在竞争面前，昔日的辉煌不足恃，唯有以务实的精神面对机遇与挑战，勇于奋起，方不负时代，不辱使命。

《社会视点》跋·广东经济出版社 2002 年 1 月

琐事漫记

一

记得 1996 年初春的一个傍晚，当时我和陆晓丹、朱建文、陈光文等人在电视台 16 楼的一个小办公室里，议论着将于 3 月 1 日推出新版《社会纵横》的方方面面。

陆晓丹知道我爱好篆刻，提议由我刻一“社会纵横”四字印章，融入《社会纵横》栏目版头。这主意倒不错，问题是该印章在栏目里怎么个出法。几经“碰撞”之后，定下了创意：红色印章在深色背景的衬托下，“唰”地从画面上方挥洒着盖下来，然后伴随着“咣”的一声音效。瞬间的灵感来自“包公审案拍打惊堂木”。

这个方案虽好，但我想，印章不应由我来刻。因我当时是这个栏目的总监制，若由我操刀，难免有“以权谋私”推销私货之嫌，所以我提议另请高人。

后来，大家在荧屏上看到的红色“社会纵横”印章，是出自曾任中国书法家协会创作评审委员、广东省书法家协会副主席欧广勇之手。印章刻得简朴大气，以隶法入印，易于识别。多年来，这个印章成了《社会纵横》栏目在观众心目中的一个标识，不管是在业内还是在社会上，它是一种声音、一种符号的代表，以至于在后来的数次栏目版头改版时，都一直把它保留下来，因为大家都有一种认同感。

当然，也有人认为这个印章是我刻的，说我后来离开《社会纵横》，当了总编室主任，又当上了副台长，领导的作品当然不能随便拿掉，这也是一种说法。正因为这样，我在 1999 年台庆四十周年书画展上接受我台《相聚珠江》栏目记者采访时，在荧屏上强调了这个印章是欧广勇老师刻的；在 2002 年广东经济出版社出版的《社会观点》一书的封面和封底上，都有这个印章，在书的勒口处也特别注明“篆刻：欧广勇”的字样。我实在是不敢“笑纳”，更不敢“贪天功为己功”。

二

2000 年的年中，香港 TVB 翡翠台的《铿锵集》栏目播出由香港电台电视部摄制的《社会纵横》的专题片。记得当时在采访我时我被问到：“你作为《社会纵横》总监制，下一步对办这个栏目的最高理想是什么？”我的回答是：“早日被取消，社会不需要。”因为社会高度和谐，人们依法行事，舆论监督就将成为多余。

可反观现实，一方面几乎所有电视上被“弹”的问题都能在荧屏上找到它的回音，另一方面节目播出后，我们又照样陆续收到大量投诉同类问题的电话和信件。这固然是百姓对我们的肯定和信任，我们笑了，但许多问题岂是通过舆论干预所能解决得了的？！所以我们的笑，有时也就难免会定格在无可奈何中。

三

十五载风雨兼程。其间有的人走了，有的人来了。不变的是每一个来者都一样努力不断地改进这个栏目。也巧，回头一看，这些年《社会纵横》几乎所有的改版革新都发生在春秋两季（详见我的《锐气十五载》），不是春天就是秋天，却难说哪一次是春风秋雨，而哪一次是春华秋实。我们经历着一切，一切也都在拷打着我们；我们在演绎精彩人生的同时，也在用心打造着栏目；每日、每时、每一刻，有阴、有晴、有迷惘；通过一点一滴的感受，记录人事、记录时代，不经意间竟铸就了品牌。

但我更在意：我们为历史留了份底稿。

《纵横十八载》中国广播电视出版社 2007 年 2 月

锐气十五载

虽然时节已过立冬，南方的初冬尚余暖意。午后，现任《社会纵横》监制的王今在山西给我发来手机信息，大意是：《社会纵横》已历经十五载，借此大庆，出一本系统介绍《社会纵横》的书，该写的都写了，就差我一篇。我猛地记起来，王今、张小文都对我说过此事，只是时日匆匆，一晃已过数月。这下我只好急急翻箱倒柜，搜索过往的履痕，写一些片段，记一点事，记一点人，不为别的，只为《社会纵横》十五年来，人员几经变换，版面数次改革，而我在 1994 年 11 月至 2001 年 5 月期间兼任《社会纵横》总监制，将近整整七个年头，我有责任对其发展脉络做出清晰的勾勒，何况这段历史确有许多值得回味的细节。

历史缘起

1992 年 1 月，小平同志再度南巡并发表了重要讲话，又一次的思想解放带来新的发展机遇。

岁首的东风催动南国荡漾的春意，中国改革开放的伟业又推进到第十三个年头，正是太阳东升，春潮澎湃，其情其势非同凡响。社会处在计划经济向市场经济转变的转型期。转型期的兴奋与阵痛，转型期的辉煌与困惑，一直是相伴相生的。多种复杂的社会现象，万千百姓心中交织着的各种感受，记者的所见所闻……理想的激情会激活人性的张力和想象，而道德的滑坡会让世间失去信任与尊重。社会需要良性发展，舆论需要正确引导。就在这样的社会背景下，《社会纵横》于 1992 年 5 月诞生了。可谓应时应运而生，根植南方，和改革的时代同步。

当时为了加强新闻评论工作，加强对社会热点问题的报道和引导，将原新闻部《社会聚焦》和社教部《事事关心》《越秀桥》三个社会性的专题节目合并，办成一个新闻评论性节目，栏目名称改为《社会纵横》。（见 1999 年 12 月梁浩泉主编、中国广播电视出版社出版的《当代中国广播电视台百卷丛书·广东电视台卷》第 25 页）我当时在社教部任《事事关心》栏目负责人，陈光文任《越秀桥》栏目负责人。1992 年 4 月，社教部主任陈兆锦在接到台里关于以上栏目合并的通知和孙孔华台长的指示后，即刻召集我们研究，之后从科组里挑选出陈光文、周晓瑾、林瑞军、陈小莉、韩向健、李锐标等六员精兵强将，与新闻部《社会聚焦》的李少连、陆晓丹、朱建文、许易生、黄文光等人合并成一个新的科组，产生了新的栏目《社会纵横》。

《社会纵横》栏目的出现，不仅仅是与当时的社会大环境相吻合，同时也和广东电视台的多年积淀分不开。原载1994年第2期《岭南新闻探索》由张锦庆、郭际生、李少连、陆晓丹、朱建文、陈光文、周晓瑾等人在《一次关于<社会纵横>的纵横谈<电视新闻深度报道探索>》的文章里，张锦庆有一段话可以作为诠释："90年代初，广东电视台时政类社会类电视专栏已渐显亮色，先是《社会聚焦》和《事事关心》各露锋芒，继而聚合而成《社会纵横》，更是业绩骄人。究其原因，当首推改革大潮的驱动，其次则为视听文化领域的观念更新。追源溯流，这类专栏早在广东电视台改革初期就开始萌芽破土。社教部先后开办了《观众之友》《越秀桥》和《事事关心》，新闻部则从《观察哨》和《立此存照》演化为《社会聚焦》。1992年初，广东电视台节目改版，上述两股力量汇流，便有了以崭新姿态面世的《社会纵横》。"

发展轨迹

1989年9月27日，新闻部创办开播了《社会聚焦》，每周播出一期。同年，社教部将岭南台创办于1987年下半年的《事事关心》改版为凸显时政性的专题栏目，每期15分钟，逢周二、五晚上19：45在岭南台（卫视前身）普语播出。1989年，社教部创办的《越秀桥》栏目以"较强的时效，较深入地就新近出现的群众最关心、议论最多和影响较广的社会性问题"进行评论、对话和探索，每期15分钟，逢周二、四晚上20：20在珠江台粤语播出。1992年5月上述几个栏目合并成《社会纵横》后，每周播出一晚，每期25分钟，栏目主旨是"针砭时弊，弘扬正气"，《社会聚焦》《事事关心》《越秀桥》等栏目同时取消。

1995年12月20日下午，时任广东省广播电视厅副厅长、台长谢望新主持了《社会纵横》栏目改版会议。副台长蔡贤盛、张惠建以及中心、部（室）、栏目负责人出席了会议。就在这个会议上，确定了把《社会纵横》《岭南直播室》和《广州一日》三个栏目合并，成为新版的《社会纵横》，红色印章的栏目头也始于此。《岭南直播室》和《广州一日》从1996年1月1日起停办，新版《社会纵横》从1996年3月1日正式播出，每周播出三期，每期20分钟。岭南台周一、三、五晚上21：02首播，第二天中午12：31重播；珠江台每周二、四、六晚上20：15播出粤语版（见1995年12月26日广东电视台办公室《<社会纵横>栏目改版会议纪要》）。这次改革，强化了精品意识，吻合了深化改革的需要。栏目主旨为：“追踪新闻热点，传递百姓心声，评述疑点难点，透视社会人生。”

1998年12月31日，广东电视台做出关于撤、并卫星、珠江两台黄金时段部分节（栏）目的决定，其中有：《社会纵横》与《珠江档案》合并为《社会纵横》，每周播出五期，每期18分钟（含栏目标版及字幕），在卫星台现有时段即周日、一、二、三、四21：10播出，珠江台次日20：25安排重播，此调整从1999年3月1日起执行。这次决定，是经台编委会反复研究、论证，台党委会讨论批准的（见广东电视台1998年12月31日总编室《宣传业务通报》［1998］47号）。

在传媒竞争日益激烈的态势下，新闻专题节目在电视传媒中承担的角色越来越重要。如何发挥省台与地方台各自的优势，合力进一步办好《社会纵横》栏目，就显得更为迫切。在这个形势下，广东电视台于1999年5月底召开了“’99广东省电视新闻专题协作研讨会”，各地方台分别派出了代表参加会议。时任广东电视台副台长兼新闻中心主任的张惠建主持了这一研讨会，厅长许光辉、副厅长孙孔华、副厅长兼台长梁浩泉分别做了指示，对如何办好《社会纵横》提出了更高的要求，对将该节目办成更受观众喜爱的节目寄予更高的期望。当时我作为该栏目总监制，在会上针对节目采访、拍摄、制作中一些前沿性的问题做了专题发言。研讨会之后，用了三个月时间的筹划，于 1999 年 9 月 1 日，决定把《社会纵横》扩版为每周播出六期，每期 10 分钟，20：08 播出。经过半年的实践后，于 2000 年 3 月，《社会纵横》又从每周播出六期调整回每周播出五期。

2000 年 9 月 6 日，《社会纵横》再次推出全新版面，改换版头画面创意及版头音乐，强化了舆论监督与贴近百姓的特色，栏目每周播出五期，每晚 20：07 播出；同时集中大家智慧，把栏目主旨浓缩为特点鲜明的四个大字“真实、公正”，栏目宣传词改为“真实公正，《社会纵横》”，在百姓心里更牢固地树立起“作客观报道，播正义之声”的栏目形象。（见 2000 年 9 月 6 日《广东电视周报》刊发的“真实公正《社会纵横》”一文）

本人于 2001 年 6 月调往节目中心，离开了《社会纵横》。

金牌栏目

1999 年 11 月，由中国记协主办的首届中国名专栏奖评选工作在重庆举行。广东电视台的《社会纵横》与人民日报的《人民论坛》、中央电视台的《焦点访谈》、羊城晚报的《昨夜今晨》等一批在全国新闻界最具影响的新闻栏目获得了“中国新闻名专栏奖”。因此，《社会纵横》后来也被确认为广东省第六届宣传文化精品奖获奖作品。

当时对待参评一事我们是极为认真的，栏目的获奖我们是凭实力的！当年的参评推荐材料是由我执笔并经副厅长孙孔华、原副台长刘立冲两位领导审改后送评的，今录入本文，可证我们当年的拼搏，可见我们当年的风采，可忆我们当年的追求……

“中国新闻名专栏奖”参评推荐材料：

《社会纵横》是一个以“追踪新闻热点、传递百姓心声、评述疑点难点、透视社会人生”为主旨的新闻评论性栏目，开播于 1992 年 5 月。多年来，该栏目始终居于广东电视台新闻类栏目收视榜首（目前每期节目在广东省内的观众约 1200 万人，在全国 31 个省市也有相当大的一个观众群），被保留在晚上的黄金时段播出。从初期的每周播出一期发展到现在每周播出六期，每晚 20:08 播出，每期 10 分钟。广受公众的关注以及港澳台和国外电视同行的赞誉。

一、开风气之先——在国内同行中率先推出新闻评论性节目

《社会纵横》开办时，虽说在电视新闻中的舆论监督已经兴起，但是作为专栏性的、主要进行舆论监督的电视新闻评论性栏目，在国内还是少如凤毛麟角，《社会纵横》的诞生，在全国处于领先地位。所以一经推出，全国许多兄弟台便前来交流学习，共同探讨这种大胆的尝试，对推动后来的电视新闻评论性节目在全国各地的普遍出现，起到积极的促进作用。

《社会纵横》采用纪实的拍摄手法，结合记者现场主持的形式，多角度、多侧面地报道政府重视、老百姓关心的身边的人和事，在强调故事性的同时增强了可视性，在针砭时弊的同时强化了舆论导向的作用。对假、丑、恶的社会现象予以揭露、评析、敲响警钟；对先进人物、先进典型、良好的社会风尚等真善美的内容，进行提炼、升华，给人以启迪，催人以奋进。

二、电视文化的创新——直播新闻评论性节目

在实践中，《社会纵横》栏目还大胆地探索了新闻评论性节目的直播。以往讲直播，多指体育赛事、文艺晚会。而这种无法事先排练、采用纪实性手法直播的新闻评论性节目，整个直播过程大体上是随机应变的。如《社

会纵横》1995年春节期间针对广东大量民工返家形成特有的“民工潮”这个全国关注的社会热点直播的《春运直击》，是在广州火车站、107国道广花路口等地段运用多部转播车、电视微波车进行多机位户外、室内相结合的大型直播。火车站的直播现场客流量的情况怎样，将会发生什么突发事件，被采访的旅客是何方人士等等，一切都是个未知数，而请到室内直播现场的嘉宾，除对该节目的导向做了若干准备之外，对现场将会出现的情况并不确知。这种不可预知性，很能满足受众第一时间感知事件发展的心理，具有很强的新闻时效性和现场感染力。一连三晚的《春运直击》，收视率均跃居全台榜首。又如对轰动全国的“番禺1500万特大劫钞案”的宣判大会进行远距离多机位户外、室内相结合的直播，法律的尊严，死囚临死前的状态，以及悔过已晚的那种对世人的警示作用，具有相当的冲击力和震撼力。这种含有多种不可预知性的电视新闻评论性节目的直播，是对电视文化的创新。

三、坚持舆论监督和正确的舆论导向，《社会纵横》在社会生活中发挥积极作用

《社会纵横》长期以来在坚持舆论监督的过程中，坚持“帮忙而不是添乱”的原则，对社会生活发挥了积极的推动作用。

（一）1997年5月，《社会纵横》记者通过患白血病的中学生冯志斌找不到可以与之配型的骨髓，其父向社会求助这一新闻事件，深入调查采访。在发现近年广东青少年白血病患者增多的同时，也发现了广东尚未建立骨髓库和广东无青少年危重病求助机制这两个社会问题，于是，《社会纵横》先后用了六集（108分钟）充满着关怀友爱的人文意识和体现新闻价值观的节目，多侧面地报道、剖析、评论这一事件，引发了一场国际大救援。台湾同胞崔重威借助电话、电传、互联网等通信渠道，在欧、美、澳多家骨髓中心、台湾一家急难救助中心、美国一家基金会和英国航空公司的无偿协助下，找到了合适的骨髓。台湾慈济骨髓中心派专家把骨髓送到广东省

人民医院血液科，成功地进行了中国第二例骨髓移植手术。

1998年春，在《社会纵横》栏目和其他传媒的通力合作下，促成了广东省骨髓库的建立和广州《中小学生危重病救助基金条例》的出台。我们的这一次报道，无疑对完善社会保障体系起到了重要的促进作用。

（二）近年来，广东农民养猪亏本，叫苦连天。原因是一些中间环节的不合理和猪贩的从中牟利，造成在粤西的阳江、湛江地区，一头猪的猪税最高达182元。《社会纵横》记者接报后，从1998年至1999年，历时半年不断深入韶关、河源、阳江、湛江、肇庆、广州等地调查，走访了省里几个主要职能部门，并向省政府有关领导做了汇报，将违反政令的不良现象曝光于社会，引起强烈的社会反响。1999年8月，广东省人民政府下达政令，将农村每头猪的猪税降到70元。通过舆论监督，加强了政府与农民的沟通，有效地减轻了农民的负担。

大量类似的例子，说明《社会纵横》不仅注意反映社会舆论，实施社会监督，而且也非常注意舆论引导。因此，多年来，《社会纵横》在舆论引导这方面没出过偏差，受到省委、省政府领导和有关部门的肯定和赞扬。

四、节目影响到境外——《社会纵横》节目长期被日本、美国、欧洲以及港澳等电视台选播

《社会纵横》节目因其把握时代脉搏、深刻反映广东改革开放的历史进程、及时传递社情民意而备受海外传媒关注。从1992年至1997年，日本的NHK在《今日中国》栏目里，每周选播两期《社会纵横》节目；美国旧金山26台、美国纽约中文台、欧洲东方卫视相继开辟《今日广东》栏目，每周选播《社会纵横》节目；澳门广播电视、香港九仓有线电视，更是长年每周选播数集《社会纵横》节目。如今，广东电视台的《社会纵横》已在境外广泛享有口碑。

五、栏目造就了一批名记者和名主持人

《社会纵横》记者周晓瑾从1993年起，先后获得广东十大杰出青年称号，

被评为全国职业道德最佳标兵、全国劳模、全国百佳新闻工作者、南粤巾帼十杰女性；主持人徐浩然获得全国第四届广播电视主持人“金话筒”金奖，全国十佳电视主持人称号；主持人王今获得全国“金话筒”百优主持人奖；记者陈光文获得广东省金枪奖提名奖；记者朱建文获得广东省十大杰出青年奖提名奖……

正是这群爱岗敬业的记者、主持人反过来又促进了《社会纵横》栏目出精品。这些年来，《社会纵横》播出了大量深受观众喜爱，在全省、全国产生过积极影响的好节目。《社会纵横》栏目在1996、1997、1998年连续三年被评为广东电视台的精品栏目，1996年获得中国广播电视学会颁发的“全国优秀电视法制节目专栏类一等奖”。《刑场上枪声留下的警示》《教授下海》《改判》《16亿元绑架惊天巨案》分别获得中国新闻奖一、二、三等奖。几年来，《社会纵横》播出的节目获得了“中国新闻奖”“中国广播电视新闻奖”等国家级和省级奖励一百多项。

汇聚精英

栏目没有公信力，观众就会跑掉，这是再朴素不过的道理。《社会纵横》的编辑记者们深谙其理，长期不断地建言献策与进取，日积月累，年复一年，终使观众的认同感、信任度得以提升。经过多年的发展递进，成为了品牌，出现了不少的各类精品佳作也在情理之中。值得大家自豪的是，这个栏目当年聚集过的一批堪称有作为的年轻人，通过这里的磨炼而先后走向了新的岗位，在不同的领域、不同的位置上，继续挥洒着青春。在这里我们不妨来数一数：陆晓丹，现为台企管中心的“一哥”，主持全面工作；林瑞军、陈光文现在是新媒体中心的领导；陈小莉是海外中心副主任；周晓瑾、李楚玲是新闻中心的两位主任助理；倪卓宏是珠江频道节目部副主任；脱学叶是《与法同行》的监制；彭黎是增值业务组的科长；陈轶恂是总编室导播组副科长；廖琨是新闻中心经济组副监制；郑友平是《630新闻》副监制；穆云华是公共频道《广东报道》副监制；张晓威是《今日关注》“DV现场”的责编；徐浩然成为江苏电视台面向全国招聘的名主持人；万一（万荣）成为深圳卫视的营运总监；李重平成为南方电视传媒广告有限公司的总经理；王凯凯到了深圳电视台；夏迎春到了税务机关；何柳莲进了珠海政府部门；加上现定居加拿大的陈洁、罗婉君，定居美国的陈丽丹，还有杨波、易松柏……而作为原《社会纵横》的节目主持和记者的王今早已是栏目的现任监制；林志勇、阮拥军也已成为栏目的现任副监制；还有本书的执行主编张小文，以及还在《社会纵横》继续奋战的李家柏、张兴国……真是人才济济的一个大家庭！大家“相聚一盆火，分散满天星”。

谈起往事，想起往日的旧同事，真有一种发自内心并充满血液的兴奋与激动，因为往事记录了我们的情谊，留住了我们的青春，激励着我们的未来。

《纵横十八载》中国广播电视出版社 2007年2月

百年盛举

“百年西泠·中国印”大型篆刻海选活动是一次百年盛举。

中国印能有幸成为2008年奥运会徽，把中国印的影响推及海内外，这是许多人都想不到的；同样想不到的，是百年西泠能够将奥运的人文精神与篆刻海选这一项目很好地结合到一块，也是出人意表的。可以想见，“参与比取胜更为重要”的奥运精神，将会很好地在这次海选中得到体现。目前，中国在大力提倡和推动文化创意及产业，这次海选，就是一次很好的文化创意。其意义，已远远超出事件本身，将会是中国艺术史上绕不过的一笔。

这次“百年西泠·中国印”的推出，可以说是欣逢盛世，适逢其时。胡锦涛总书记在去年11月也就是半年前的中国文联第八次全国代表大会上的讲话中，要求文艺界把繁荣社会主义先进文化、建设和谐文化，作为现阶段我国文化工作的主题，作为我国广大文学艺术工作者的庄严使命。正是在这个意义上，我认为西泠印社用责任感和大视野，为共建和谐社会、和谐文化创造了一个新的参与契机，功不可没。这样的作为，将会是 2007 年中国艺术界的一大亮点。广东电视台能够成为这项活动华南赛区（含广东、广西、湖南、湖北、海南、香港、澳门）的承办方之一，殊感荣幸，这也是一次小众文化与大众传媒的结缘。

作为承办方之一的广东电视台，我们考虑到华南赛区的地域特殊性，选择了珠江频道作为承办的频道。因为珠江频道覆盖面之广，接收人口之多，在全国省级地面频道中独一无二。珠江频道通过太平洋海底光纤传送到美国亚特兰大卫星直播公司，然后上星覆盖中、南、北美洲及欧洲、南非；通过香港最大的有线电视运营商九仓有线进入香港、澳门 70 多万户的家庭；通过入股马来西亚家娱频道，覆盖整个东南亚和澳大利亚等国家和地区；家娱频道还通过电信盈科有限公司的 NOW 宽频，进入香港 65 万 IPTV 用户……可以说，我们珠江频道这次对“百年西泠·中国印”海选的报道，其影响会远远突破省级台的概念，对于向海内外文化界推广、展示以“中国印”为代表的中国优秀传统文化的悠远魅力，将发挥着积极的促进作用。

最后我想说的是：有在座诸位的共同努力和各方的通力合作，这项活动一定会有一个不同凡响的社会回报！一定会成为一个喜传天下的世纪经典！

以上是我在 2007 年 5 月 15 日的华南赛区活动启动新闻发布会上的即兴之言。今日《华南赛区海选参赛精品集》将出版问世，聊以为序并补上一句，我可以毫不狂妄地说，一批有为的篆刻家将产生于我们这批人中。

《百年西泠·世纪经典·中国印——华南赛区海选参赛精品集》序·书艺出版社 2007 年 8 月

珠江频道，铺建方块路

身外的世界，车流滚滚、人海茫茫、众生芸芸；心内的天地，依旧青春勃发、意气逼人、睿智不减。一群电视人，浑身有挥洒不尽的活力与冲劲，于是有了今天问世日后每周一期的《广东电视周报·珠江频道专刊》，它是珠江频道内容的延伸、品牌的延伸，也是展现电视人精神风貌的一扇窗口。

近三年来，我们欣喜地看到珠江频道一步一个脚印正在发生着的种种变化，也由衷地感谢那些默默奉献的电视人，更钦佩他们在平凡中体现出的智慧。

我们的生活注定不平凡，因为我们正参与其间的是一个体现开放性、领潮性地打造第一粤语电视频道的崇高追求，带一点点疲惫，一点点无奈，一点点自嘲，甚或蓬头垢面，两眼通红，无碍！这就是我们真实的电视人。

我们仗着年轻的不羁，狂躁也好，兴奋也好，身为电视人，就要好好做电视，做好的电视。在为之付出的过程中，不管你收获到什么，即使是如何的不完美，也无妨拿到珠江频道专刊这个平台上，一起来分享，这也是电视人的一番别样风光。在电视人淡淡的抑或浓烈的文字里解读走过的日子时，说不准还会感觉到些什么。总有些情绪在悄悄蔓延，总有些追求在悄悄滋长。

热爱这个专刊，关注这个频道，这便是我们的使命和责任。

《广东电视周报·珠江频道专刊》创刊词·2008年8月7日

继承文化传统，创新当代艺术

今天是个文化大时代，艺术的多元化有着特别的意义。

《墨如金》艺术杂志与电视结缘，让我们拥有了一个相互展示、交流的平台。在这里，我们提倡创作和技巧的切磋，拥有各自不同地域文化烙印、来自海北天南的，尽可通过自家的笔墨，表达各自的向往和思考。

我们既提倡继承传统，我们也强调锐意创新。人们可以从不同的理念，发掘和激发出不同的创作门径，只要作品能彰显撼人的时代气息，或粗野奇逸，或恬淡雅静，或简约高古……

我们从中可以重新认知传统与现代；

我们从中可以感悟作品所蕴含的生活哲理；

我们从中可以慨叹文章千古事，权贵一阵风；

…………

《墨如金》卷首语·2008年第1期

弘扬传统文化艺术，我们责无旁贷

由广东电视台珠江频道《文化珠江》栏目承办的首届“墨如金·古典诗歌·诗书画印创作大赛”历时近半年，尽管过程艰辛，激情仍是原动力，活动终于画上圆满的句号。

这个创作大赛，激发了人们对多种艺术门类特别是诗书画印这种典型的传统文化艺术的了解和探讨，为观众和文化界所关注。由于电视媒体的介入，传播实现了大众化，参赛作品突破三万件，堪称规模盛大，有来自英国、法国、美国、加拿大、新加坡、菲律宾、台港澳等地的，参赛范围超越了国界。这是继去年广东电视台参与主办的“百年西泠·世纪经典·中国印·华南赛区（含港澳）大型海选”活动后又一个弘扬文化的盛举。作为珠江频道，正通过一个又一个这样的文化活动，张扬了它的开放性、领潮性，

·努力使之成为无愧于文化大省的一个电视文化品牌；而作为一个承办的电视文化栏目，在执行力上，体现了团队的一种领悟、决策者的一种胆魄，难能可贵。

今日首届“墨如金·古典诗歌·诗书画印创作大赛”作品集的编印出版，实在是一种恬淡优美的盛世雅事。

诗书画印这种传统文化，可以说是一种国粹，保留已属不易，何况要加以弘扬光大。当信息时代的人们都在弃旧逐新，不觉意中表露了对历史传统文化艺术的颠覆的今天，有人说传统文化到了21世纪已成残山剩水，这话不一定准确，倒有几分实情的流露。作为一个文化栏目，既然担负着传承文明教化的责任，就应该有所作为，这项活动本身就是我们这种观念的一个具体体现。

传统文化不仅仅只是一幅书法、一幅国画，也不仅仅只是一首诗抑或一方印章，不是的！传统文化应能传导出一种民族的精魂、民族的灵气，让人感触到的应是时代勃勃生机的脉动！

作品集付印之际，略抒己见，聊以为序。

《首届“墨如金·古典诗歌·诗书画印创作大赛”作品集》序·书艺出版社2008年4月

《文化珠江》的高端对话

《高端文化访谈》一书，既是广东电视台《文化珠江》栏目的衍生产品，也是该栏目影响力的一种延伸。

一卷读罢，让人回味良久。不仅仅是那悠然的画意浓郁的诗情，而更是那一篇篇充满真情而又平实表达的文章，让人觉得在聆听一位位大师级人物真实表白的同时，为其人格魅力及风采所感染，好似品一壶醇香的百年老酒。

书名道出了本书的三个要素：一是高端，二是文化，三是访谈。一卷在手，可以读到汉学泰斗饶宗颐，武侠小说史上的泰山金庸，棋圣聂卫平，西泠才子陈振濂，世界乐坛上最成功的中国音乐家之一谭盾，我国航天第一人杨利伟，中国佛教协会会长、德高望重的一诚长老，中国美术家协会主席刘大为……一串闪光的名字皆为重量级人物，既体现了高端也体现了文化。与当今中国文化艺术界这些辈分高、资格老、有地位、有成就的大师们进行深入访谈，我们既不是崇尚“头衔”，更不是本着“追星”，而是着意于文化界某些层面、某些人物、某些现象、某些观念的探寻与梳理，与观众读者一起来分享，所以不事雕饰，朴素本色，追求平实中的隽永，平实中的深刻与和谐，观之读之，也就真实亲切且感性。大师们给人许多关于人生与艺求、学问与社会、事业与职业的心得，蕴含着历史反思与人生参悟，真可谓金针度人。

时下商潮滚滚，社会生活多元多样，有太多的诱惑也有太多的困惑。有人指责报纸上油头粉面的东西似乎越来越多了，荧屏上也充斥着那些令人弱智愚蠢的节目，可又感叹商品经济年头，不生炒热炒油头粉面不斗艳猎奇不沿街吆喝也不行。正是在这样的时代背景下，回溯我们办《文化珠江》栏目之初，对文化节目曲高和寡的担心正是缘于此。所幸的是，该栏目一直收视不低表现不俗，正所谓达到较高审美境界的东西，往往为众人所共识。有此收获，诚然离不开《文化珠江》四位女生、两位男生的勤奋加努力。他们仗着年轻充沛的精力和网络可以海量搜索的便利，采访前做足了功课，方得以深入浅出地解读；他们将自己生活的偶得和稍纵即逝的思想融进了访谈，在追求平和、平淡的境界中，访者与被访者，一起“评热点，品文化，谈人生”，共同把自己对生活对人生的感受酿成了真善美，让观众读者从中获得了人生真谛的启发和美的艺术享受。

二十分钟一集的电视版面的局限，使得我们的编导们即便使出浑身解数，也难以表述生活中大起大落的惊涛骇浪和描绘人生漫长的心路历程，可它在有限的篇幅里充溢着思想的闪光、情感的流云，足矣！

本书的选编也许不尽如人意，却是我们一份诚心的奉献。

《高端文化访谈》前言·岭南美术出版社 2009 年 7 月

解读“最时代”

南方电视有一档节目叫《今日最新闻》；上视第一财经频道有电视直播栏目《最新闻》；打开中广播客首页，可以读到《入心出新做“最新闻”广播》……

何谓“最新闻”？

字典上的解释“最”是副词，后面常加形容词或动词，如最漂亮、最高级、最了解、最熟悉……哪来副词加名词即如“最新闻”？可现实就是这样，字典是“死”的，生活是鲜活的，社会不断地向前推进，语言也随之发展。副词“最”字后面加名词，已成了潮人们在网络上比较喜欢的词语搭配，形成了一种约定认可的新的语境，比如“最小说”“最山寨”“最女人”“最man”“最CCTV”……一如前些年《非常男女》节目推出后，引发了“非常”

一词的“非常”使用：“非常可乐”“非常6+1”“非常主播”“非常电影”“非常春运”……这是潮人们在生活中不经意间变换语态风格创造出来的美丽。看来传统与时尚并不像人们想象的那样不能兼容，就像旅游可以是传统式的马不停蹄地游山玩水，也可以是潮人们时尚地只要蜷缩在一个幽美、清净的角落，看看书，晒晒太阳，享受风景，就是旅游的全部意义。

人类社会进入所谓信息化时代以来，社会的变化如此迅猛，新事物、新词汇层出不穷，以至于如果有一段时间不上网、不读报，就会有与社会脱离的感觉；而经常上网、经常读报，又有新闻总被做旧了的不满足感。所以，才有了我们的新闻记者要做《今日最新闻》的冲动。

打开南方电视《今日最新闻》，你可以读懂“最”的真实含义。是最快最权威的新闻？最新最热点的新闻？最有价值最受关注的新闻？都包含了。但不仅仅局限于这些，某些环节，还追求着“最具互动性新闻”的理念——让受众与新闻互动，搭建开放性的报道平台，直达“最新闻”境界，成就“最时代”的杰作。

《岭南新闻探索》卷首·2009年6月

寄语南方电视青年

时光前行，岁月留香。

整满十年的南方台团委，一个融合着青春激情与新锐时尚的团队。

沿着时光的河流回溯，那河上的朵朵浪花，正是你们青春岁月的步伐。你们踏浪而行，不惧风险；你们踌躇满志，怀揣理想；你们体验甘苦，勇于担当。是你们成就了南方台今日之经典，而经典的背后，又彰显着一个团队契合的需求和苛求细节、追求完美的诸多因子。

可以想见，团员青年占了全台员工七成以上的团队，那是一个何等抢眼的沐浴着朝阳的团队。工作和生活虽是匆匆忙忙甚或来不及回看一眼，但让我们这些“先生们”感受到了青春与活力，让网络上流行的“世界上最遥远的距离，是我们俩一起出门，你去买苹果四代，我去买四袋苹果”

这样的流行语在南方台不流行，让我们想起了“春，依旧”的字眼。

青春，不仅仅是明月下、清风里一支遥远的歌，青春，也让所有的遐想凝为沉思：年轻人，要做出比任何青春的高峰都要高的选择，去走进一个人生新境界。

一个媒体的影响力，不仅在于对日常资讯全方位多角度的经营，还在于敢于担当的责任意识和勇于进取的无畏精神。在南方的这片热土上，我们南方台这帮年轻人，不会寂寞。这也是我的由衷祝愿。

《我的青春我的团》序·2012 南方电视台团委成立十周年纪念特刊

《生命温度》序

梁栋的《生命温度》这本书可以说是应了“真真实实写生活，混混沌沌端出来”一句。古镜未磨，照破天地！这里有着未经打磨的粗糙美。

要了解南方的“民生”，就必须关注南方媒体的民生新闻。对于“民生”这个简单而特定的概念，包罗的却是世间万象的大定义。阿栋书里有载：

——《难以接受的老火汤》：“老火汤文化”被一袋浓缩剂代替，而且这些浓缩剂里，浓缩的是卑劣和欺骗。

——《深不见底的，不仅是250亿的深隧》：到了今天，“落雨大，水浸街”的歌谣还在唱，少了当初的浪漫，却多了无奈和惊恐，要知道，大雨冲了沙井盖，是要出人命的呀！

——《信任你才会送“皮球”给你》：阿栋欣赏民众敢用“皮球”换公理，

但作为政府部门，则需要接住皮球，直面问题，化解矛盾，以“皮球”促管理！

…………

不管是口播的节目稿，还是写给报刊的专栏文章，有幽默、有调侃、有真情、有深意……在这后面支撑的，是媒体人对社会的责任意识。

阿栋是一个有着十几年新闻工作历练的媒体人，从记者编辑走到主持人岗位，成为南方电视台一名电视节目主持人。他的经历，使他绕不开对社会底层人物的命运体验，他对百姓生活的熟悉，使他对民生报道有着热情兼激情。

这本书，占据我心头的，更多的是《全城剪爱》这一类篇章，承载着全社会对弱者的关爱和祝福，也是民众对大爱的希望与播洒。从报道促成了“建立救治白血病患儿保障机制”提案的提交，到广州市民政局明确表示“广州将把白血病儿童治疗列入儿童重症保障计划”，让我们感受到媒体人的热血、媒体人的作为，解读到在阿栋的身边有一个优秀的团队。

阿栋的文集，我不敢说篇篇精彩，甚至还觉得有些杂，但它却真确地给读者打开一扇窗户，让人看到大千世界的百态人生，闻到现代都市草根味浓浓的气息。阿栋是粤语电视主持人，他的个性化语言，鲜活可爱又说得实在，既没有玩深沉的矫情，更没有沦为落笔就想要惊天地泣鬼神的滑稽，不以优美的辞藻见长，而以草根的世俗显雅。

记得有人说过，在看到人生的美好或看到人生的残缺时，能在这美好与残缺中完善满足自己作为人的一种享受，这便产生了艺术。读阿栋这本书，我有深切的感受。

《生命温度》序·广州出版社 2014 年 3 月

回忆精彩往昔　展望自信明天

在广东电视 55 周年纪念大会上，五分钟的时间讲什么好呢？我想就讲这些年记忆中的点滴吧。从 1959 年至 1981 年广东电视是依附广东广播电台，是电台的一个电视部。广东电视台是 1981 年才成独立建制的，那么就从 80 年代说起。

一

在整个 80 年代，可以说是广东电视朝气蓬勃的年代。记得 1987 年那一年很风光。那年的元旦，珠江频道开办了《早晨》节目，在全国率先实现了主持人直播的方式，包括人物专访，在当时很新鲜。也是 1987 年，当年的全国六运会在广东举办，我们在体育专题报道中采用直播的形式，在同行中出尽风头，现场感、时效性在当时非常震撼。

还是 80 年代，1989 年广东电视台推出 22 集《公关小姐》，那是中国内地最早反映改革开放的电视连续剧，可以说开了风气之先。

当然，还有率先引进境外电视剧译制播出，开拍《万花筒》，与香港 TVB 合作晚会，综艺节目《万紫千红》享誉港澳台等等。

处处留心，处处体现 80 年代广东电视人敢为天下先的特质。

二

到了 90 年代。

一个是新闻的作为。90 年代初期市场疲软，国家在进行经济政策调整。当时我们紧跟时代步伐进行新闻改革，出了不少反映改革开放的优秀电视新闻作品；同时推出新闻评论性栏目《社会纵横》，当年朱镕基总理对媒体的舆论监督很给力。紧扣这样的时代背景，《社会纵横》栏目获得很高的荣誉，也影响到境外，当年日本的 NHK 电视台和香港的 TVB 都来购买《社会纵横》的节目去播出。

另一个是电视剧的作为。1994 年的《情满珠江》，1996 年的《英雄无悔》，1997 年的《和平年代》，以南方的气息强烈地冲击并影响着中国的电视剧坛，几乎囊括了包括五个一工程奖、金鹰奖、飞天奖、金帆奖、金星奖等重要奖项，可以说是划时代的贡献。

三

进入 2000 年，开启新的世纪。我的记忆中，一是 2000 年推出的《外来媳妇本地郎》至今还在播出，可以说是中国内地电视剧发展史上播出时间最长、播出集数最多的系列剧。

二是 2001 年南方电视台全新启动正式开播，广东电视进入“双龙出海”的发展阶段，广东台有实力，南方台有活力，共同创造了“广东广电发展实现历史性突破”的辉煌业绩，收视份额彻底超越境外电视。接着南方台有了南方卫视上长城平台覆盖海外，有了获得电视剧所有奖项的《潜伏》，有了获飞天奖的《五星红旗迎风飘扬》，有了一批民生节目，有了一个粤语栏目《城事特搜》，出了两位粤语主持人获得全国金话筒奖等等。

三是 2004 年挂牌成立南方广播影视传媒集团，在推进广电系统“管办分离”的同时整合资源，实现省、市、县三级贯通，创造了中国广电体制改革的“南方模式”。

另外一个值得自豪的就是，我们在产业布局上，率先占领新媒体高地，拥有移动频道、手机频道、广州地铁电视，包括电信增值、IPTV 等等。同时，到 2007 年也已开办了欧洲足球、高尔夫、岭南戏曲等 8 个数字付费频道，加速了广东电视产业化的发展。

还有南派纪录片的崛起。

在这 10 年里，在体制、机制上有许多的创新。

四

2010 年以后的今天，随着广电体制的改革和政策的调整，大家一直翘首关注着“三台合一”，终于在集团成立 10 周年，广电 55 周年的喜庆日子里，“三台合一”了。随之广东广播电视网络台荔枝台也开播了。“三台合一”后的荔枝台开播这一动作，给了大家许多的信心。

以上就是在我记忆中的一些碎片，那是几代电视人的努力和付出的成就。总之，每个年代有每个年代的精彩。梳理过往，我们会获得更多的文化自信和创造力，更好地勾画明天。当下，有习总书记在10月15日主持召开的文艺工作座谈会上的重要讲话精神的引领，目前在全国电视圈，一些貌似强大的潮流将很快会成为过眼烟云。而我们刚刚完成三台的整合，在张惠建台长的带领下再出发，有全体电视人积极主动的进取，广东广电重回全国广电第一阵营这一愿景，我以为既是我们电视人的使命和责任，更是一种历史的必然，对此，我们应该充满自信！

《电视艺术家》2014年12月

潮头唱大风

马年元宵节后第四天，西泠印社、南方广播影视传媒集团、南方电视台携手主办,水墨村、广东南方印社承办的“从江南到岭南——中国画邀请展”开幕了，这是今年开春以来广东艺坛一大盛事。从参展作品的内涵及参展作者看，其影响的深刻性是具有历史意义的，涉及面也相当之大。作者中，有创办西泠印社的首任社长吴昌硕先生，现任社长饶宗颐先生；有在当今艺坛影响巨大的韩天衡先生、陈振濂先生、张耕源先生、周国城先生等；境外作者既有台湾的黄尝铭社员，也有韩国的权昌伦社员，数十位西泠印社社员，都是当今西泠颇具代表性的人物；加上水墨村的村民们，他们是岭南最接地气最值得关注的一个活跃的艺术群体，他们中多是岭南艺坛的翘楚，如许固令先生、陈永锵先生等，其中还有一些是“双栖”甚至“三栖”

的人物，既是西泠印社社员，又是水墨村村民，如人称艺坛大侠的郭莽园是也；还有广东南方印社社员的加盟，可谓队伍浩浩荡荡，作品蔚为大观，南方印社的社员如梁晓庄、沈永泰、李平等也同时都是西泠印社社员。作者们的名字集合在一起，就意味着份量、意味着层次，让观者感到震撼。

透过这些作品，我们听到鸟语，闻到花香，其间有山石、有碧水……初春的日子，虽还天寒地冻，展厅却充满生气。作者与观者对着作品畅叙观感，兴致如流，奔涌不绝。在作品里，不论是书法、国画还是篆刻，都展露了艺术家的才华和个性；一件件艺术品，是一个个自然美与人格美的载体，让人读出不一样的美学含义来。

艺术家有幸，我们欣逢盛世，当下正是一个不断深化改革、激励造富创业的时代。人们随着物质生活质量的提升，也在着力提高着自身的文化艺术品位。一些有经济实力且有品位追求的企业家，已将注意力转向艺术品收藏与投资上，寻求着经济价值与艺术含量的结合点。可以说，书画篆刻艺术品的投资和消费方兴未艾，艺术市场引来了内资外资的相互拼争，以至于有人说艺术品是挂在墙上的股票，在投资者的追捧下，价格不断创新高。广州毗邻港澳，也许文化血脉传承的原因，港、澳、台、东南亚的华人对中国书画市场也已较早地介入。总之，书画市场的前景令人鼓舞。

我们这次“从江南到岭南——中国画邀请展”在广州展出，虽无意于商业行为，但实际上也为书画艺术市场的繁荣起到了推进的作用。所以，愿在纷繁的书画市场搏击中的诸君，不妨对我们的艺术展多看看，看多了有收获；愿我们的同行之间，在展览中相互能得一点知识、学问、思想的交流与点拨；愿我们的展出，还有一些让人驻足的画面，供读者去思索与回味。

《从江南到岭南——中国画邀请展作品集》序·长城艺术出版社 2014 年 2 月

无可挑剔的天然

这是一本不一般的书画集。作品出自艺术家们从藏地高原发自内心的需要：做善事，求得精神的快乐、灵魂的幸福。

这是一次彰显爱心的活动。活动由广东广播电视台、腾讯大粤网和立白集团联合主办；活动的策划者就是本书的主编、我的一位充满生命激情的同事——吴瑞生，任是再平静的生活，到了他那也会有变奏。

这是一次难得的体验。我们进藏的初衷，一定会少不了要在高地捕捉沿途的风景，通过手中的笔，还原生活的美。可八天的藏地行走，烙在心灵最深处的，除了独特的藏文化，更多的是容颜沧桑、虔诚膜拜的人们。这是一个心底向善、对生活怀有热忱的民族，与我们“人与自然”“关切生命”的活动主题可以说是无缝连接。每天我们与许多路人匆匆擦肩，空气中杂有酥油茶味，还有寺庙的香烛之气……我们无暇追问芳香的来源，但我们感知这一切与藏地唐卡一样，意义深远。在充满古朴的气息中，我们看到生命的色彩，犹如五彩缤纷的经幡在眼前飘荡，旋即幻化成心灵的感知：生命的脆弱与无常是常态，地震带来的灾难与苦痛无法预知，但生命通过艺术所衍生的力量却是无穷的，甚至可以超越生命的局限；虽说红尘滚滚，吾辈乃肉眼凡胎，可有精神的守望，和光而同尘，便能超然而入世。就这样，大家手中的笔不停，笔下的作品便带着你不知道却可以感知的情绪。

头顶的天是碧蓝的，满大地是灿烂的阳光。套用村上春树的口气来说，便是连呼吸一口气都唯恐胸腔被染成深蓝色的惊艳。那些被画家捕捉到的精彩瞬间，定格在画面里，便是心灵对美的独到诠释。

多少次一觉醒来，置身于陌生的环境，瞬间错觉自己的前世来生或许生于斯长于斯，脑海里跳出的就是出世与入世的感觉，在这熟悉的陌生里，真不愿清醒。在这似真似幻中，画家们已不再抒情唯美，更多的是随着情绪思考而下笔，颜色与结构撞击出来的是深沉的壮丽，是缓缓流淌在人性大河里的质朴品质和真正的情感。

在藏传佛教的圣地里，我们参悟生命的玄机；我们假手中的笔，为云南鲁甸地震灾区的灾民们祈祷，用我们心中的虔诚，为他们许下一个丰润的愿望；我们庆幸在自己的生命旅途中，面对这个所谓物欲横流充满太多诱惑的当下，看到了还有另外一群人在怎样地生活着。这时一切艰辛困惑都已成褪色昨日，面对的未来，清新得仿如朝霞。山川雾霭羁绊不了我们的脚步，自然的气息伴随清风在身边流转。忽然觉得，一转身一世界，让我们领悟到了生活的通透感。

我们携一路风尘，抛一路凡心，捧一颗真心，来托举生命的希望；藏地的阳光与神秘，藏地的邂逅与寻觅，已凝成深深的情感，定当以岁月来沉醉。

总之，你来了就知道，你看了这本集子就理解。我们在做有意义的事，充实自己的人生。

《站在世界屋脊 托举生命希望——中国百名艺术家西藏公益写生创作作品集》序

书艺出版社 2014 年 9 月